百科探秘

AMAZING ANSWERS TO CURIOUS QUESTIONS

英国未来出版集团（Future Publish） 编著

王燕珍 译

北京理工大学出版社

BEIJING INSTITUTE OF TECHNOLOGY PRESS

图书在版编目（CIP）数据

百科探秘 / 英国未来出版集团编著；王燕珍译. —北京：北京理工大学出版社，2019.9（2021.3重印）

（奇妙知识大图解）

书名原文：How It Works Book of Amazing Answers

ISBN 978-7-5682-7281-0

Ⅰ. ①百…　Ⅱ. ①英…　②王…　Ⅲ. ①知识—青少年读物　Ⅳ. ①Z228

中国版本图书馆CIP数据核字（2019）第141738号

北京市版权局著作权合同登记号图字：01-2018-2977

[Beijing Institute of Technology Press Co, LTD] is published under licence from Future Publishing Limited. All rights in the licensed material, including the names《百科探秘》(How It Works Book of Amazing Answers), belongto Future Publishing Limited and it may not be reproduced, whether in wholeor in part, without the prior written consent of Future Publishing Limited@[year] Future Publishing Limited.www.futureplc.com

出版发行 / 北京理工大学出版社有限责任公司

社　　址 / 北京市海淀区中关村南大街5号

邮　　编 / 100081

电　　话 / （010）68914775（总编室）

　　　　　（010）82562903（教材售后服务热线）

　　　　　（010）68948351（其他图书服务热线）

网　　址 / http：//www.bitpress.com.cn

经　　销 / 全国各地新华书店

印　　刷 / 湖北嘉仑文化发展有限公司

开　　本 / 889毫米×1194毫米　1/16

印　　张 / 12

字　　数 / 475千字

版　　次 / 2019年9月第1版　2021年3月第2次印刷

定　　价 / 128.00元

责任编辑/ 宋成成

文案编辑/ 宋成成

责任校对/ 周瑞红

责任印制/ 李志强

推荐序

　　亲爱的读者朋友，很高兴在这套书中遇见你，欢迎你走入这个精彩的科普世界。无论你是因为对图片的惊艳，还是对知识的渴求而翻开这套书，都意味着你对世界的好奇和探索，又将前进一步。

　　好奇是人类的天性，也是科学和世界发展的第一推动力。在过去的几个世纪，好奇心促使我们对世界的探索从宏观到微观，从古代到现代，知识不断更新，科技不断进步。今天，当人类进入21世纪，随着信息时代的到来，人们对世界的认知不再限于天空、大地、海洋和生物以及身边的事物，而是密切注视着将航天器送向月球的背面和广阔无垠的宇宙，探讨奇妙量子世界的无限可能。科技从源于生活到引领生活，科学新知的迅速累积使得大部分人对科学的认知看起来非常有限，了解的领域也极为有限。因此，不管他是科学大师，或是凡夫俗子，都需要通过科普增长自己的知识，开阔自己的视野，进一步认识世界，了解世界的奥秘。

　　科普作品不是教科书，它需要通过类比、联想、对照等手段，以通俗的形式，让人们理解科学发展的脉络和各种科学知识之间的关联，以获得更丰富的科学知识。而文笔优美、内容丰富、形式新颖、图文并茂的科普，使人们较为迅速了解这门科学的知识和内涵，解决了心中的疑惑，同时也得到了美的享受。

　　科学的世界，是千变万化的世界，精彩纷呈的世界，但也是按照自然规律运行的世界。它很神秘，但可以被理解，被解读，难的是怎样有趣而又严谨地展示它。这是摆在科学家和科普作家面前的神圣义务。

　　当我拿到这一套集知识性、通俗性和趣味性为一体的科普丛书时，真有点令人惊讶、爱不释手的感觉。这是一套由多位科学家和科普作家共同创作、精彩纷呈、图文并茂的科普丛书。它的特点是，用独特的图解编排形式，将大量相关却又涉及不同学科的知识串联起来，转化成直观的图像，以通俗的语言、简约的方式和轻松的手法将知识传递到阅读者的大脑，启发人们的想象。书中大量精美的图片和活泼有趣的行文，会让你在阅读时兴味盎然。借助科学家的视野，你将以崭新的视角重新了解这个世界的广阔，窥探宇宙的奥秘和世间万物的神奇以及人类科技的精妙！

　　在探索求知的道路上，不分长幼，不管是科学大家还是普通大众，人人都是沙海拾贝的孩童。爱迪生说：惊奇就是科学的种子。相信借由这套书的阅读，你会迅速成长为一个知识达人。当你能够像这本书的呈现形式一样，将所获的知识转化为一张张图表，它就会变成你的学问、创意与能力，在你的面前展现无限美妙的前景。

周立伟

中国工程院院士

原北京科普创作终评委员会主任

百 科 探 秘 目 录

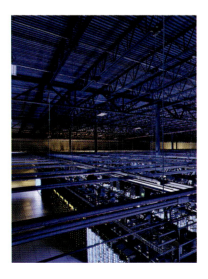

第二章

技术

百　科　探　秘

 第三章

科学

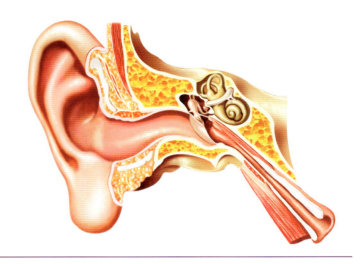

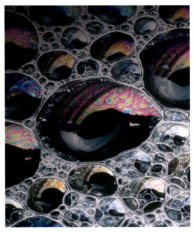

百 科 探 秘

第四章

太空

第五章

交通

百 科 探 秘

第六章

历史

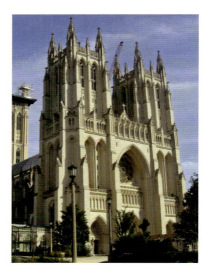

第一章 环境

非洲萨凡纳草原上有哪些 生物？

非洲大草原上的生态系统非常平衡，那里生活着陆地上最大的动物

从环境上来说，萨凡纳草原就是一片宽广开放的大草地，上面生活着各种各样的动植物。因为地处热带地区，所以雨季的时候，草原上有足够的雨水让植物生长，但降雨量又不足以形成雨林。而旱季虽然干旱，但也不足以形成沙漠。为了应对这种极端的气候环境，草原上的动植物都形成了自己独特的生存本领。

世界各地对热带草原的叫法各不相同，在亚洲，人们称其为"草原（steppes）"；在北美，人们把它叫作"大草原（prairies）"；而澳大利亚人则称之为"草地（rangelands）"。但只有非洲的热带草原才被称为"萨凡纳（savannah）"，其中最著名的就是位于坦桑尼亚的塞伦盖蒂草原。塞伦盖蒂草原上生活着很多神奇的动物，有大型猫科动物、大象、犀牛和长颈鹿等。

水坑上的生态平衡

在萨凡纳草原上，水坑是随处可见的，尤其是在旱季的时候，它们对草原上的生态系统有着重要作用。这些水坑，有的是季节性的，有的是永久性的，水源主要来自草原上的河流或地下蓄水层。水坑是草原动物重要的饮用水源，有时会把它们从数千米之外的地方吸引过来。

不管是捕食动物还是被捕食动物，它们都会聚集到水坑边来饮水，这有利于维护草原上健康的食物链。所有动物都聚集到一个地方，可以保证捕食动物有充足的食物可以猎取，但它们绝不会"滥杀无辜"，只猎杀足够的食物，这种行为可以帮助调控草原上动物的数量。对于被捕食动物来说，它们也能够补充到足够的水分，然后再向下一个目的地前进。

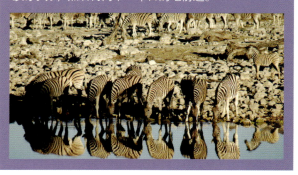

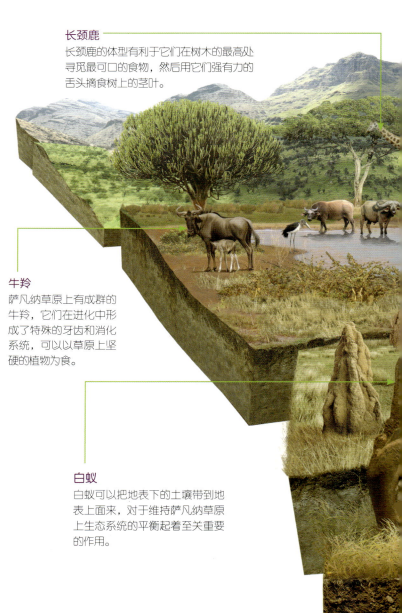

长颈鹿
长颈鹿的体型有利于它们在树木的最高处寻觅最可口的食物，然后用它们强有力的舌头摘食树上的茎叶。

牛羚
萨凡纳草原上有成群的牛羚，它们在进化中形成了特殊的牙齿和消化系统，可以以草原上坚硬的植物为食。

白蚁
白蚁可以把地表下的土壤带到地表上面来，对于维持萨凡纳草原上生态系统的平衡起着至关重要的作用。

草原上的动物

小到昆虫，大到巨型捕食动物，萨凡纳草原上应有尽有。

非洲萨凡纳草原上有哪些 生物 ？

非洲大草原上的生态系统非常平衡，那里生活着陆地上最大的动物

从环境上来说，萨凡纳草原就是一片宽广开放的大草地，上面生活着各种各样的动植物。因为地处热带地区，所以雨季的时候，草原上有足够的雨水让植物生长，但降雨量又不足以形成雨林。而旱季虽然干旱，但也不足以形成沙漠。为了应对这种极端的气候环境，草原上的动植物都形成了自己独特的生存本领。

世界各地对热带草原的叫法各不相同，在亚洲，人们称其为"草原（steppes）"；在北美，人们把它叫作"大草原（prairies）"；而澳大利亚人则称之为"草地（rangelands）"。但只有非洲的热带草原才被称为"萨凡纳（savannah）"，其中最著名的就是位于坦桑尼亚的塞伦盖蒂草原。塞伦盖蒂草原上生活着很多神奇的动物，有大型猫科动物、大象、犀牛和长颈鹿等。

水坑上的生态平衡

在萨凡纳草原上，水坑是随处可见的，尤其是在旱季的时候，它们对草原上的生态系统有着重要作用。这些水坑，有的是季节性的，有的是永久性的，水源主要来自草原上的河流或地下蓄水层。水坑是草原动物重要的饮用水源，有时会把它们从数千米之外的地方吸引过来。

不管是捕食动物还是被捕食动物，它们都会聚集到水坑边来饮水，这有利于维护草原上健康的食物链。所有动物都聚集到一个地方，可以保证捕食动物有充足的食物可以猎取，但它们绝不会"滥杀无辜"，只猎杀足够的食物，这种行为可以帮助调控草原上动物的数量。对于被捕食动物来说，它们也能够补充到足够的水分，然后再向下一个目的地前进。

长颈鹿
长颈鹿的体型有利于它们在树木的最高处寻觅最可口的食物，然后用它们强有力的舌头摘食树上的茎叶。

牛羚
萨凡纳草原上有成群的牛羚，它们在进化中形成了特殊的牙齿和消化系统，可以以草原上坚硬的植物为食。

白蚁
白蚁可以把地表下的土壤带到地表上面来，对于维持萨凡纳草原上生态系统的平衡起着至关重要的作用。

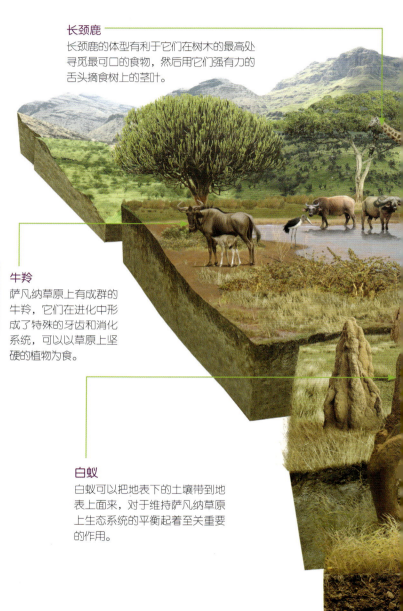

草原上的动物

小到昆虫，大到巨型捕食动物，萨凡纳草原上应有尽有。

非洲草原上生活着世界上最凶猛的肉食动物。

秃鹫
秃鹫以腐肉为食，它们拥有巨大的翅膀，可以在空中搜寻食物。

大象
大象巨大的耳朵和长满皱纹的皮肤可以使其保持凉爽，巨大的象鼻可以轻松地抓取树叶和青草。

斑马
斑马成群地聚集在一起时，它们身上的斑纹可以迷惑草原上的肉食动物，让猎食的动物很难从它们中锁定一个单独的目标。

分散的树木
萨凡纳草原上的树木分散在各个地方，可以为生活在草原上的动物提供荫凉、遮蔽和食物。

犀牛
食草犀牛生活在植被充足的草原区域，宽大的口鼻和上唇可以帮助它们轻松进食。

狮子
狮子是萨凡纳草原上的顶级捕猎者，土黄色的皮毛可以帮助它们隐匿在草丛中跟踪并捕食猎物。

蜣螂
这些昆虫可以回收利用草原上其他动物的粪便，将粪便分解后，在上面产卵。

草原上丰足的草丛和灌木丛为成群的牛羚提供了充足的食物。

地面上的植物

萨凡纳草原上的土层有多个不同的剖面,植被很难在土层里扎根。能够在这里生存下来的植物都必须能够忍受极端温度。

草类植物分布广泛
红土层导致树木很难扎根,所以根系较短的草类植物可以广泛生长。

红土层
雨季和旱季的反复交替,让腐殖土层下面的红土层变得异常坚硬,以至于根系较长的树木都无法在这里生长。

土层分界
地表的营养成分向下不断渗透,形成了一个个不同的水平分层,每一层都界限分明。土壤层下面是岩床。

腐殖土层
腐殖土层是最上面也是最薄的一个土壤分层。腐殖土层主要由动植物腐烂后产生的有机物组成,可以为生长在上面的植被提供营养。

独特的红壤层
在雨水较多的季节,土壤上层的营养成分和化学物质就会随着水分渗透到下层的土壤中。氧化铁在这里沉淀下来,让这一层的土壤呈现锈红色。

萨凡纳草原的植被

金合欢树
伞状的金合欢树是非洲大草原的一个象征。金合欢树可以为草原上多种生物提供食物,神奇的是,它们的种子荚在经由动物的肠道排泄出来后会生长得更好。

非洲虎尾草
簇生的虎尾草拥有极长的根系,可以从土层下 4 米深的地方汲取水分,这使得它能够在较短的旱季存活下来,也能够经受住动物的啃食。

红草
非洲红草可以经受住大火的炙烤,只要不被动物过度啃食,大火的炙烤反而能够促进红草的扩散和生长。红草是草原生态环境健康的一个重要标志。

　　当我们想到"萨凡纳"这个词的时候,脑海里就会浮现出草浪翻滚的非洲大草原,还有《狮子王》中穆法沙对辛巴说的话:"凡是阳光能够照耀到的地方,都是我们的王国。"迪士尼的经典动画描绘了一个非常真实的草原生态系统。非洲著名的草原区域包括塞伦盖蒂国家公园、恩戈罗恩戈罗自然保护区、马斯瓦野生动物保护区、洛利翁多、格鲁美地和伊空容戈动物保护区以及马赛马拉国家保护区。在这片仅仅 30 000 平方千米的土地上,就有两处世界文化遗产保护地和两个生物圈保护区,其重要性可见一斑。

　　非洲草原上有雨季和旱季两个不同的季节,尽管有雨水补给,但是降雨量不足以让大量的树木生长,所以这里的植被还是以草和灌木为主。

"由于降雨量有限,很多树种都无法在草原上生存,所以草和灌木主导了生态系统。"

草原上的食物链

分解者
真菌、白蚁和细菌都是草原上重要的分解者,它们可以分解有机物,将营养成分再返还给大地。

　　草原上这些顽强的植被可以为成群迁徙的食草动物提供食物。斑马和牛羚等动物被新长出的嫩草吸引着,成群结队地向有雨水的地方迁移。饥肠辘辘的肉食动物如狮子和猎豹等则期待着它们的到来。

　　非洲草原上的气温相对稳定,随着季节的变化,草原上还有随处可见的水坑,吸引着各种动物聚集到这里饮水。雨季一般从 11 月份开始,一直持续到来年 5 月份,随后旱季就会来临,草原上的气温将保持在 27℃左右。

　　愿意长途跋涉去寻找水源的,不仅有成群结队的牛羚、斑马和小羚羊,还有以家庭为单位生活在一起的大象。据说大象拥有绝佳的空间记忆能力,它们可以利用这项特殊技能,在方圆 50 千米毫无特征的区域内,准确地找到水坑。

　　其他来寻找水源的动物会在地面上

初级消费者
食物链上的第二层是食草动物，如羚羊、斑马、牛羚等，以及一些昆虫等。

食腐动物
秃鹫、豺狼和鬣狗等食肉动物主要觅食死亡或腐烂的动物有机残留物，这可以减少自然界中的动物造成的废弃物。

次级消费者
这类动物都是杂食性和肉食性的捕食动物，比如狮子、猎豹和鬣狗。它们通过捕食其他哺乳动物来获取能量。

生产者
食物链中的生产者是将太阳的能量转化为食物的绿色植物，萨凡纳草原上的草丛就是生产者。

看到巨大的凹槽，这是大象用它们长而坚硬的獠牙在地面上寻找水源时留下的。为了摄取土壤中的营养成分，它们有时也会用獠牙挖取土壤吃。

草是大象、羚羊和犀牛等其他食草动物的主要食物来源，不可思议的是，草原上的草竟然没有被它们吃光。这可能是得益于草地独有的生物特征，以及每个物种都在生物链中发挥着它们特有的作用吧。有趣的是，红草或象草等一些常见的草原植被，被动物经常啃食反而会促进它们的生长。这是因为，青草都是从根部向上生长的，动物在啃食草叶的同时，也为它们清理出了更多的生长空间。不仅如此，由于不同的动物摄取食物的偏好不同，所以它们会从不同的位置上啃食植被。例如，长颈鹿一般在树木的最高处啃食树叶和嫩芽，而斑马则从地面上觅食。也就是说，在同一片草原上，食草动物之间不会有激烈的食物竞争。

更为神奇的是，草原上的植被可以通过大火来维持平衡。旱季的时候草原上会经常出现野火，燃烧掉大片的草地。然而草地并不会因此凋零，相反，大火把植物生长所需的很多营养成分重新带到土壤里，促进草地的复苏，甚至还有很多植物能够承受住大火的炙烤。另外，大火还可以防止树木侵占整个草原。

大型猫科动物是位于草原食物链顶端的捕食者，比如豹子、猎豹。毫无疑问，狮子是草原上的王者。当成群迁徙的动物到来的时候，这些潜伏着的捕食者就可以美美地挑选食物了。能够存活下来的被捕食动物，都具备最强的生存能力。当然，有肉食动物存在的地方，就一定会有食腐动物潜伏在一旁。斑鬣狗不仅觅食技巧老练，而且还不挑食。它们会愉快地享受其他肉食动物剩下的食物，顺便处理掉自然死亡的动物尸体。斑鬣狗的消化道功能强大，可以消化几乎所有的食物，即使是无法消化的食物，它们也能够进行反刍。

在整个生态系统的大齿轮上，这些体型巨大的动物也不过是一个个的齿轮，它们共同维系着草原生态环境的平衡。同样重要的还有那些小型动物和昆虫，它们通过自身的活动改善土壤环境，分解有机残留物，促进营养物质的循环。

人类同样也是草原上强大的生存者。非洲很多部落如马赛族，都是草原上古老的生存者，他们在草原上种植粮食作物，放养牛群。在我们担心会有狐狸跑进自家花园的时候，马赛人则在担心大象会来踩踏和啃食他们的粮食！马赛族人尊重传统，他们注重与土地保持密切的联系。

什么是 波涛云?
一起来了解波涛云形成的原因

联合国世界气象组织上一次正式认定新的云种还是在 1951 年，这些像极了波涛汹涌的大海的云种很有可能就是下一个。尴尬的是，这些被很多天空观察者拍摄下来的神奇云种，我们竟然不知道如何称呼它。于是赏云协会就根据拉丁语 "roughened"（粗糙的）一词，将它正式命名为波涛云。要让联合国世界气象组织正式认定这一新云种，首先必须要弄清楚这种云形成的原因。目前我们还不能完全理解波涛云形成的原因，但有些专家认为，波涛云的形成原因和乳状云相同。乳状云的形状看起来就像是有一个个的小布袋悬挂在云层下面。当云层中的冰晶开始下沉，鉴于冰晶太大而不能被下面的空气所蒸发的时候，就会形成乳状云。

在乳状云形成的基础上，如果有强风把下沉的冰晶切割开来，布袋状的悬挂物就不会出现，取而代之形成的就是波涛云。波涛云一旦被正式认定，就会被录入自 1975 年开始发行出版的《国际云图》。

为什么 城市里 的温度更高?
一起来了解导致城市温度高的原因有哪些

待在城市里会让我们倍感燥热，造成这一现象的不只是繁忙的公共交通。一般来说，人口稠密的城市温度会比周围环境温暖高出 1～3℃，这种现象被称为城市热岛效应。城市建筑和沥青路面的颜色比较深，会在白天吸收大量阳光。吸收来的能量再以热量的形式释放出来，使周边区域的温度升高。相比于农村，城市的植被也较少，这就意味着植物不能通过利用多余的热量来蒸发它们吸收的水分帮助冷却空气。汽车和空调的使用也会增加城市的温度。

城市植被较少，很难吸收深色建筑物和路面储存和散发的热量。

"城市建筑和沥青路面的颜色比较深，会在白天吸收大量阳光。"

蜜獾 为什么无所畏惧？

连狮子都比凶残的蜜獾懂道理！

当你想到獾这种动物的时候，脑海里或许会浮现出一张在树林里小心翼翼地爬行着的带斑纹的漂亮小脑袋。但是做好心理准备吧，蜜獾可是彻头彻尾的另一种生物，尽管它的名字里带有"蜜"字。事实上，在吉尼斯世界纪录上，它可是头号无所畏惧的动物！

除了名字和其他的獾类相似以外，蜜獾实际上和黄鼠狼更相近。蜜獾身长1米，高30厘米，它们虽然身材矮胖，却出乎寻常的强壮，行动中散发着绝对的自信。它们昼伏夜出，独来独往。蜜獾的脑袋很大，可以帮助它们轻松地解决各种问题。

蜜獾还是凶狠的战斗者，纠缠、扭打、猛刺，无所不用其极。鬣狗的身形是蜜獾的5倍，而且拥有和狮子一样强有力的牙齿，但是在鬣狗面前，蜜獾丝毫也不胆怯，可以无畏地直接攻击鬣狗的阴囊。据记载，曾经有3只蜜獾联合起来截杀7只狮子。听起来它们像是在自寻死路，不过这些疯狂的小家伙拥有无所惧怕的绝对资本。细算起来，还真没有哪个肉食动物能够在蜜獾面前讨到好处，这主要得益于它的秘密武器：富有弹性的皮肤。蜜獾的皮肤厚度超过半厘米，不管是长矛，还是蝎子或箭猪身上的长刺，任何尖锐的武器都无法刺伤它。蜜獾的皮肤是松弛地包在肌肉上，被抓捕住的蜜獾可以轻松扭转身体，用它们凶残的牙和利爪狠狠地攻击偷袭者的脸部。一只成年的非洲豹得花费足足一个小时才能杀死一只蜜獾！

小小斗士
蜜獾的各个身体构造都彰显着它的强大

身体
蜜獾的四肢有力，肩部宽大，它追求的不是速度，而是绝对的力量和毅力。

鼻部
蜜獾拥有敏锐的嗅觉，可以用鼻子觅食地下的幼虫和树上的蜂蜜。

肛门臭腺
和它们的近亲臭鼬一样，蜜獾也可以通过喷射出味道奇臭的液体，赶跑捕食者。

口部
蜜獾的下颌有力，牙齿锋利，能将乌龟壳一口咬碎。

皮毛
身上披着和臭鼬一样的黑白相间的皮毛，蜜獾在不动声色地向其他动物示警："离我远点！"

皮肤
蜜獾坚硬的厚皮肤可以抵抗住犬类动物的撕咬和箭猪的棘刺，皮肤灵活有弹性，即使被其他动物逮住，也能转身反击。

利爪
爪子长而锋利，刨硬地，剥树皮，对蜜獾来说都是小菜一碟。

纳特龙湖 为什么不适合物种生存？

一起来了解坦桑尼亚这个色彩绚丽的高浓度盐碱湖背后的秘密

纳特龙湖坐落于非洲大裂谷东部，因其粉红色的湖水而举世闻名。纳特龙湖的湖水不仅颜色惹人注目，而且含有极高的盐分。

得益于附近火山爆发时遗落下来的火山灰，湖床上的土壤含有丰富的碳酸钠（natron），纳特龙湖（Lake Natron）也因此而得名。纳特龙湖的湖水中的矿物质主要是碳酸钠，这是一种可以溶解于水的盐分，让湖水呈极高的碱性。这种碱性偏高的湖就是碱水湖，因此湖水的 pH 值高达 9 ~ 10.5。酸雨有时会降低湖水的 pH 值，但是这个区域雨水天气属于异常现象。

附近的温泉水也会增加湖水中的盐分含量，由于纳特龙湖没有排水口，所以随着湖水的蒸发，盐分就都遗留在湖水里了。事实上，纳特龙湖原本是一个比较大的淡水湖，但是由于当地天气炎热干燥，湖水蒸发严重，慢慢地纳特龙湖就缩小成一个咸水湖了。湖水的温度一般在 40℃左右，不过有时候也会上升到 60℃。

湖水绚丽的颜色来自其中生存着的嗜盐微生物。尽管如此，能够在这种极端的环境中生存下来的其他生物微乎其微。纳特龙湖中只生存着一种鱼：罗非鱼。但大多数生物一旦进入湖里就会死亡，而且在水位下降时，它们就会被湖水里面的盐分包裹起来。碳酸钠是埃及人制作木乃伊所使用的原料，由于纳特龙湖中含有丰富的碳酸钠，你在湖岸上时不时就会看到湖水冲刷之后留下来的被碳酸钠石化了的动物尸体。

纳特龙湖上的神奇动物

火烈鸟是能够在坦桑尼亚的咸水湖上生存下来的为数不多的生物之一。它们能够充分利用纳特龙湖恶劣的自然条件，来对付它们的捕食者。湖水水位刚刚好的时候，湖中央的盐岛就会暴露出来，为火烈鸟提供绝佳的筑巢场所。湖水水位如果过低，其他的捕食动物就会来到盐岛猎食它们的幼鸟，而如果湖水水位过高，火烈鸟的鸟巢就会被湖水冲走。纳特龙湖中生长的蓝绿藻为火烈鸟提供了丰富的食物，蓝绿藻中含有一种叫类胡萝卜素的色素，火烈鸟食用之后身体就会呈现出亮丽的粉红色。

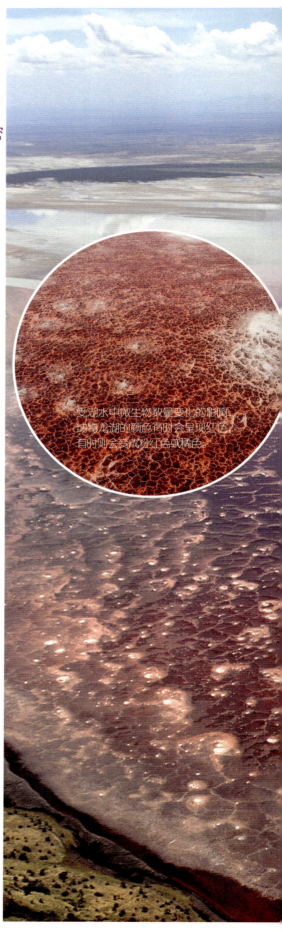

受湖水中微生物数量变化的影响，纳特龙湖的颜色有时会呈现红色，有时则会变成粉红色或橘色。

世界上绝大多数的小火烈鸟都选择在纳特龙湖上搭建巢穴。

环绕在纳特龙湖周围的是淡水湿地和盐碱滩。

"湖水的温度有时会上升到60℃"

蚜虫 是如何影响 瓢虫 的样貌的?

这些漂亮的瓢虫，它们的生命是从幼虫开始的

所有的动物都是以食为天，瓢虫当然也不例外。瓢虫的种类超过 5 000 多种，它们的主要食物来源是蚜虫。由于蚜虫的数量总是急剧增加或急剧减少，所以瓢虫也会根据蚜虫的数量来调节自己的繁殖时间，这样就能保证它们的幼虫宝宝有足够的食物。

当然，瓢虫的食谱上可不是只有蚜虫这一道大菜，瓢虫的食物还包括植物和其他小昆虫。值得注意的是，雌性瓢虫的食量要远大于雄性瓢虫。因为雌性瓢虫要花费大量的精力去寻找适合产卵的场所，而雄性瓢虫只要花时间找到雌性瓢虫就万事大吉、高枕无忧了。

瓢虫的身体含有一种有毒的化学物质，可以保护它们不受其他鸟类捕食者的伤害。另外，它们红色的外衣也起到警示食腐动物不要靠近的作用。瓢虫幼年时期的饮食决定了它们成年后身体毒性的深浅，这也是为什么它们一生中要吃掉 5 000 多只蚜虫的原因。

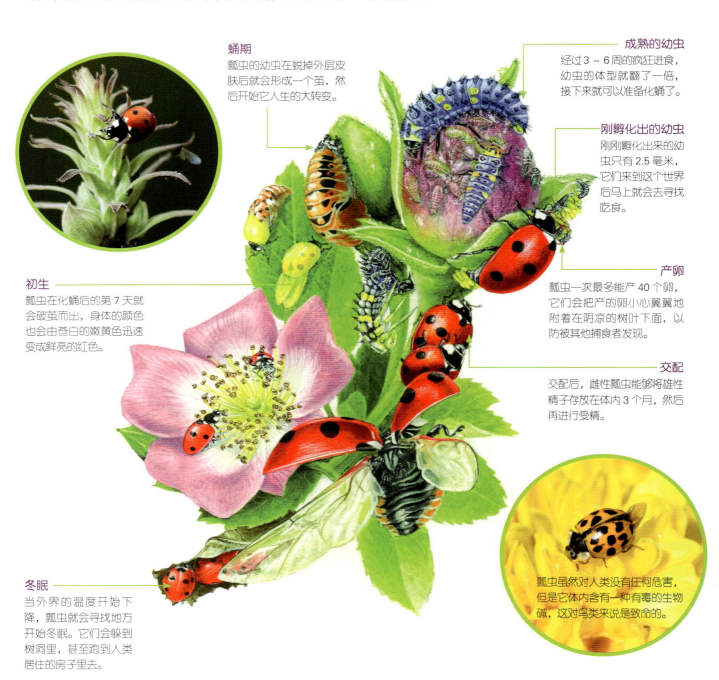

蛹期
瓢虫的幼虫在蜕掉外层皮肤后就会形成一个茧，然后开始它人生的大转变。

成熟的幼虫
经过 3 ~ 6 周的疯狂进食，幼虫的体型就翻了一倍，接下来就可以准备化蛹了。

刚孵化出的幼虫
刚刚孵化出来的幼虫只有 2.5 毫米，它们来到这个世界后马上就会去寻找吃食。

初生
瓢虫在化蛹后的第 7 天就会破茧而出，身体的颜色也会由苍白的嫩黄色迅速变成鲜亮的红色。

产卵
瓢虫一次最多能产 40 个卵，它们会把产的卵小心翼翼地附着在阴凉的树叶下面，以防被其他捕食者发现。

交配
交配后，雌性瓢虫能够将雄性精子存放在体内 3 个月，然后再进行受精。

冬眠
当外界的温度开始下降，瓢虫就会寻找地方开始冬眠。它们会躲到树洞里，甚至跑到人类居住的房子里去。

瓢虫虽然对人类没有任何危害，但是它体内含有一种有毒的生物碱，这对鸟类来说是致命的。

动物 能认出自己的影子吗?

黑猩猩能认出自己吗?

大多数动物都无法认出自己的影子。要想认出自己的影子,必须具备一定的自我意识,而绝大多数动物都是不具备自我意识的。动物镜子测试最初是由生物心理学家小戈登·盖洛普·Jr博士在20世纪70年代设计出来的,随后人们又对动物镜子测试进行了发展,包括在动物脸上涂抹没有气味的染料,然后再把它放在镜子前。如果动物用爪子去触碰脸上的染料,就说明它们在镜子里认出了自己。猿类动物如黑猩猩、倭黑猩猩和猩猩等都通过了这项镜子测试,另外海豚、大象和喜鹊等动物也能在镜子中认出自己的影子。

非洲加蓬(Cabon)动物园里的这群黑猩猩在从动物管理员的镜子里观察自己。

兰花 为什么与众不同?

绽放的兰花不仅美丽迷人,而且独树一帜。

2 珍贵的药材
几百年来,兰花一直是中国传统中药中一味珍贵的药材。金钗石斛(兰科草本植物)可以用来治疗肾病,杜鹃兰则能够治疗扁桃体炎。

3 兰花中的贵族
国王兜兰是以一个闻名的犹太财阀的姓氏而命名的,因受兰花收集者的过度追捧,国王兜兰现在已经濒临灭绝了。国王兜兰又被称为兜兰之王,因其较为罕见,一株国王兜兰的拍卖价就高达5 000美元。

1 难得一见的奇花
幽灵兰(上图为裂唇虎舌兰)是世界上最稀有的一种植物。幽灵兰的一个神奇之处在于它不含叶绿素,只有极小的鳞状叶,所以只能依附在共生真菌上生长,以便吸取营养。

4 种类比鸟类还多
每年都有新的兰花品种被发现,已知的兰花种类有25 000种,是鸟类数量的两倍。据预测,目前未被发现的兰花种类还有近5 000种。

5 像人脸样的花冠
兰花的花朵左右对称,看上去很像是人类的面孔。兰花之所以那么受人喜爱和追捧,正是因为它的花朵像极了人脸。

黑脉金斑蝶 是如何生存的？

凭借着先天的本能和身体里的指南针，黑脉金斑蝶开始了它们神奇的大迁徙。

黑脉金斑蝶又称帝王蝶，是最著名的一种蝴蝶，被世人广为认知和喜爱。每年有 6 000 万到 10 亿只帝王蝶加入冬天的迁徙大军中来，它们浩浩荡荡地从寒冷的加拿大南部和美国北部向温暖的加利福尼亚州南部以及墨西哥中西部的森林迁徙，中间横跨 4 828 千米。

帝王蝶的翼幅长约 10.4 厘米，上面有鲜亮的黑色、白色和橘色条纹。雌性和雄性帝王蝶在体型上没有区别，只是雄性帝王蝶的后翼上有一个黑色的斑点。这个黑色的斑点其实是气味腺，雄性帝王蝶通过气味腺分泌化学物质，吸引雌性帝王蝶。帝王蝶色彩斑斓的翅翼可以起到警示捕食者的作用，告诫捕食者它们吃起来不仅一点也不美味，而且还有毒。

帝王蝶的毒性是在毛毛虫的时期获得的。雌性帝王蝶将卵产在有毒的乳草上，毛毛虫时期的帝王蝶就以乳草为食。乳草的糖苷毒素对毛毛虫没有任何危害，但是对毛毛虫的捕食者却是有毒的。毛毛虫在嚼食乳草的时候，会在体内进化出一个专门储存毒素的地方，毛毛虫变形之后，这个小型的毒素储存池还会一直留在它们体内，让捕食者望而却步。

大部分帝王蝶的寿命都不超过 5 周。大约有三到五代帝王蝶出生在早春和夏末之间，但是在秋初由蝶蛹进化出来帝王蝶有所不同。这代帝王蝶肩负着越冬的使命，它们需要从寒冷的美国北部，迁徙到温暖的南方，确保帝王蝶物种的延续。

帝王蝶的迁徙是让人震撼的，这不仅是因为它们需要翻山越岭，长途跋涉，最神奇的是，尽管它们以前没有进行过大迁徙，但却能够靠着本能识别出迁徙的路线。巧合的是，帝王蝶到达墨西哥的那一天，往往就是墨西哥的亡灵节。亡灵节是墨西哥最重要的一个节日，根据当地的传说，墨西哥人相信帝王蝶的到来会把已逝者的灵魂带回人间。

越冬的帝王蝶可以存活 8 个月，它们在早春的时候开始向北的旅程。这代帝王蝶会在飞行中完成交配，然后把卵产在美国南部的乳草上。它们的后代会继续向北的旅程，一直到新一轮回再次开始。

变形

从毛毛虫蜕变为蝴蝶的过程

幼虫
雄性帝王蝶将卵产下 4 天后，幼虫宝宝就会孵化出来。幼虫宝宝先把营养丰富的蛋壳吃掉，然后才开始啃食乳草。

毛毛虫
毛毛虫疯狂地啃食乳草，短短两周后，它们就能长到 5 厘米长，比最初的身体增长整整 3 000 倍。

倒挂的 "J"
毛毛虫会在乳草的根茎上附着一层丝，然后把自己倒挂在上面整整 18 个小时，看上去就像是一个大写的字母 "J"。

变形
10 ~ 14 天之后，毛毛虫就会在它坚硬的壳里蜕变为蝴蝶。

蝶蛹的形成
毛毛虫的外骨骼会从头部的地方裂开，然后蜕变后的蝴蝶就会扭动身体与其脱离，留下一个完美的蝶蛹。

卵
雌性帝王蝶把卵产在乳草上，但是在产卵之前，雄性帝王蝶会品尝一下乳草的叶子，判断是否适合在上面产卵。

乳草是帝王蝶赖以生存的植物。

"每年有6 000万到10亿只帝王蝶加入冬天的迁徙大军中来"

起飞
帝王蝶终于要展翅高飞，开始它们周而复始的大迁徙了。

起飞准备
刚刚孵化出的帝王蝶要等1个小时后翅膀完全晾干，才能开始飞行。

新生
成年的帝王蝶用力抓住裂开的外壳，努力从蝶蛹中挣脱出来，短短几分钟后，折叠着的翅膀就完全展开了。

最后一步
绿色的蛹一旦变成透明色，就说明成年的帝王蝶已经准备好要破茧而出了。

濒临灭绝

尽管帝王蝶备受人们的喜爱，它们现在还是面临着灭绝的危险。19世纪以来，受环境恶化以及人类农业活动的影响，帝王蝶的数量急剧下降。

在墨西哥，由于人类的非法伐木和一系列自然灾害的影响，适合帝王蝶过冬的栖息地急剧减少。而在美国，除草剂的使用，也使帝王蝶赖以生存的乳草数量大大减少。

另外，专家还担心，全球变暖会影响降雨模式，从而改变帝王蝶迁徙的时间。不仅如此，全球气候变化很有可能会让墨西哥变得更加寒冷，而帝王蝶的体温如果达不到30℃，它们就无法飞行。一旦寒冷降临，将会给帝王蝶带来灭顶之灾。美国鱼类及野生动物署曾预言："如果我们不行动起来，帝王蝶这个神奇的物种很有可能在我们的有生之年就从地球上消失。"

什么是 落水洞？

一起来了解落水洞的成因

地下的基岩被水流不断侵蚀，地表最终因无法承受地面的压力而塌陷并落入下面的空洞，落水洞就随之形成。落水洞在基岩为盐岩或碳酸盐岩的地区比较常见，比如石膏或石灰岩，这类基岩很容易被水流溶解侵蚀。

如果地面没有排水系统，水流就会汇集在落水洞，不断侵蚀地表下的岩石。岩溶下沉形成的落水洞会在地表形成一个小的低气压区，造成地表的缓慢下沉。由于岩溶塌陷而形成的落水洞，其危险性要更大，有时只需几个小时，就会造成地面塌陷，带来不可预测的灾难。

2010年，危地马拉市（危地马拉共和国首都）出现的一个落水洞吞噬了一座三层大楼。这个落水洞直径20米，深约30米。

落水洞的形成是一种自然现象，但是有些人类行为，比如地下水抽取或者不恰当的土地使用，也会对排水造成影响，从而加速落水洞的形成。

蜥蜴 为什么喜欢晒太阳？

鬼鬼祟祟的爬行动物蜥蜴为什么喜欢晒太阳呢？

蜥蜴身上覆盖着一层鳞片，鳞片虽然可以帮助减少体内水分的流失，却起不到保温的作用。正因为如此，蜥蜴和其他两栖动物才不能像鸟类和其他动物一样保持恒温。到了夜晚，它们的体温就会下降，等早上太阳升起后，它们就需要趴在岩石上晒太阳，让体温升上来，以保持身体正常的新陈代谢，这也是为什么大部分爬行动物都生活在温暖的地方。不过身为变温动物的一个好处是，它们不需要像哺乳动物那样摄取太多的食物，比如，有些鳄鱼甚至可以一整年都不用吃东西。

人们在红蟹迁徙期间，挂起"红蟹通行"的标志，从而减少被汽车压死的红蟹数量。

ROAD CLOSED
RED CRAB MIGRATION
NO ENTRY BY VEHICLES
BEYOND THIS POINT

在向海边迁徙的过程中，红蟹会入侵附近的高尔夫球场。

揭秘圣诞岛上 红蟹大军 的迁徙

1.2亿只红蟹迁徙的秘密

　　每年，澳大利亚的圣诞岛上都会有上千万只红蟹从雨林里浩浩荡荡地出发，向海边前进，在海边完成交配产卵。红蟹一般在10月或11月左右的湿季开始迁徙，选择在这个时间迁徙和此时的月相和潮汐有关。

　　雄性红蟹一般会率先离开洞穴向海边迁徙，它们到达海边后会一头扎进海里，补充迁徙过程中体内流失的水分。之后，就开始在沙滩上挖掘洞穴，等雌性红蟹一到，它们就可以钻进洞穴进行交配了。交配完成后，雄性红蟹就开始返程了，把洞穴留给雌

性红蟹，雌性红蟹每年最多可孕育10万只受精卵。

　　12～13天后，趁着黎明前海水涨潮，雌性红蟹会从洞穴里爬出来，把卵产在海水里。受精卵产出体外后会立刻孵化为幼虫，幼虫在海水中慢慢长成类似虾状的大眼幼体，它们用鳃呼吸。4周后，那些在汹涌的海潮和海洋肉食动物的魔爪下幸存下来的幼体红蟹会爬上岸，蜕皮，成为红蟹宝宝，此时它们只有5毫米大小。红蟹宝宝一蜕下外壳，就马上启程返回雨林。4年之后，这些红蟹成年，它们也会加入交配迁徙的大军中。

奥里诺科平原上有哪些 生物 ?

南美大陆上，奥里诺科河蜿蜒而过，为巨型水蟒、食人鱼等生物创造了绝佳的生存环境

奥里诺科河发源于圭亚那高原，绕行经过委内瑞拉和哥伦比亚，最后注入大西洋。奥里诺科河所过之处有青草翻滚的草原、沼泽和森林，因此，其流域也被称为奥里诺科平原。

奥里诺科河流域属于热带草原气候，广阔的草原被沼泽和湿地环绕，为成千上万种淡水生物提供了绝佳的栖息地。潜伏在暗处的不仅有鲶鱼、食人鱼、大水獭和巨型水蟒，还有不计其数的其他物种。沼泽地和湿地的淤泥里含有丰富的营养物，各种涉禽鸟类都可以在这里大快朵颐，比如，朱鹮就在这里用它们弯曲的长喙啄食美味的甲壳纲动物。

环绕着平原的森林带，为许多神出鬼没的捕食动物提供了绝妙的掩护和栖息地，不仅有游荡在林间的美洲豹，还有栖息在树上的数千种鸟类。森林里最高的树种是曲叶矛榈，最高可以长到 35 米。

春天的时候，鹿群会来到草原上吃草。不过雨季的时候，草原经常会被洪水淹没，为草原上很多水生动物提供更多的栖息地。草地上还生活着很多其他动物，比如，觅食白蚁的巨型食蚁兽，以及黑颈叫鸭和穴鸮鸟等鸟类，这些鸟类主要猎食小型爬行动物和哺乳动物，而且会挖洞建巢。

奥里诺科平原还是很多候鸟的重要栖息地，据统计，哥伦比亚和委内瑞拉 40% 的新热带区候鸟都会在这里栖息。

游隼

游隼作为世界上飞行速度极快的鸟类之一，一只处于攻击状态的游隼，飞行速度可以达到每小时 300 千米。

自然火可以帮助清理地面上多余的植被，促进新植物的生长。

自然火

每年 11 月到次年的 3 月或 4 月是平原上的旱季，整个平原都极度干旱。由于降雨的极度减少，奥里诺科河的水位此时会降到最低点，而飙升的气温也让很多植被枯萎。这种极端气候会导致自然火的频发，自然火听起来似乎很吓人，但实际上这是平原进行自我修复的一种绝妙方式。自然火可以把平原上多余的植被清理掉，腾出更多的地表空间。

这有利于新种子的萌发，对维持平原上的食物链起着重要作用。自然火还可以帮助维系土壤养分的平衡，同时也控制了草原上树木的生长和扩散。老的植被被清理掉以后，新生的植物才能够快速成长。不仅如此，受自然火的影响，平原上还繁衍出了能够承受大火炙烤的树木。

濒危物种

奥里诺科平原是无数动植物的家园，其中包括 100 多种哺乳动物和 700 多种鸟类，世界上很多濒危物种也生活在这里。例如，奥里诺科鳄生活在雨季时洪水泛滥的奥里诺科平原上，但据估计，野生的奥里诺科鳄目前只剩下大约 1 500 只，现已被列入《世界自然保护联盟濒危物种红色名录》。平原上的其他物种，如大犰狳、奥里诺科河龟、大水獭和黑栗雕也都濒临灭绝。

平原上的动物

这个繁茂的草原上生活着许多神奇的动物

美洲红鹮
美洲红鹮是一种涉水鸟，羽毛鲜红，这是因为它们啄食的藻类和小型甲壳纲动物中含有天然色素。

美洲豹
美洲豹是南美洲最大的猫科动物，奥里诺科平原为它们提供了丰富的猎物，让它们在陆地和水中都可以尽情享用猎物。

巨型食蚁兽
巨型食蚁兽是美洲中部和南部土生土长的动物，它们虽然没有牙齿，但是每天却要吃掉 35 000 只小昆虫。

水蟒
这些巨型水蟒生活在奥里诺科平原的沼泽和湿地上，它们以野猪、鹿，甚至是美洲豹为食。

黑斑水虎鱼
黑斑水虎鱼生活在宽广的浅滩，它们用像针一样的牙齿，啃噬鸟类、甲壳类动物和植物。

红腿陆龟
红腿陆龟体型中等，是杂食性动物，它们生活在草地和森林边缘。

白尾鹿
茂盛的奥里诺科平原上还生活着成群的白尾鹿。

大犰狳
大犰狳全身武装着麟甲，身长可达 150 厘米，它们拥有高超的洞穴挖掘技艺，被誉为生活在大自然的工程师。

叠层石 是如何形成的?

这些结构独特的岩石会是最早的生命迹象吗?

叠层石看上去虽然其貌不扬,但它们是地球上结构最为独特的化石。叠层石是由一层层沉淀物和碳酸钙堆积而成,岩石里包裹着单细胞生物群,如蓝藻细菌,这是一种能够进行光合作用的微生物,至今仍然存在。

完全成形后,叠层石看上去和普通石头没什么区别,但是它们实际是一层层沉积起来的。每一层的物质都是最初的蓝藻细菌通过分泌黏液而慢慢聚集起来的。蓝藻细菌的光合作用会使周围水分中的二氧化碳含量减少,水中的碳酸钙被析解出来,然后慢慢和其他沉淀颗粒融为一体。这些沉淀物会一层一层地慢慢堆叠起来,而蓝藻细菌则会慢慢向上移动,始终保持在叠层石的最顶端。

比较完整的叠层石一般都是经过上万年才形成的,根据成形的环境不同,它们的形状也多种多样。叠层石的重要意义在于,蓝藻细菌在进行光合作用的时候会产生大量的氧气,所以随着叠层石的不断发展和成形,可以创造一个可供呼吸的大气环境。如果地球上没有这些蓝藻细菌,人类很可能也不会存在。

揭秘加利福尼亚州 独特的气候

从湿润的海滨空气到干旱的沙漠,一起来了解加利福尼亚州北部的气候带

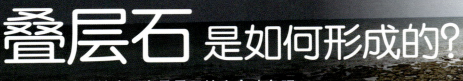

湿润的海滨空气
盛行风会把太平洋上湿润的空气从西部带到东部。

沿海山脉
海洋空气爬升到沿海山脉后就会膨胀并冷却,达到一定的湿度后,水汽就会凝结并产生降雨。

大盆地
当空气到达加利福尼亚州的沙漠地区时,湿度已经耗尽,空气下沉并变得更加干燥。沙漠地区的空气异常炎热,1913 年,这里的气温曾飙升至 57℃。

地下水流
河流和地下水流都会把溶解盐重新带回海洋,增加海洋的盐分浓度。另外,水汽的蒸发也是造成海水盐度升高的一个因素。

中央山谷
海洋空气在越过沿海山脉后就会慢慢下沉,变得越来越干燥。随后,通过蒸发和植物的蒸腾作用,空气的湿度会稍稍回升,偶尔也会形成雾气。

内华达山脉
空气在到达内华达山脉区域后会被迫爬升,温度也随之下降,带来大量的降雨,在寒冷的冬天就会形成降雪。内华达山脉横跨 110 千米,对整个加利福尼加州的气候有着重要影响。

织布鸟 是如何织建巢穴的？

织布鸟如何编织和打结，以织建惊人的巢穴

织布鸟对用几根树枝简单地堆出一个露天巢穴嗤之以鼻，它们会不辞辛劳地为自己的宝宝打造一个温暖的家。它们会编织出结构巧妙的封闭式巢穴，用于吸引配偶，同时帮助阻挡捕食者的猎杀。

当然，编织巢穴的都是雄性织布鸟，雌性织布鸟会根据雄性织布鸟的编织技巧选择交配对象。所以雄性织布鸟必须要确保巢穴稳固且安全。雄性织布鸟首先会找到一根光秃的树枝，然后

用喙把青草编织在上面。编织一个巢穴需要 1000 多根青草，要一次性把需要的青草集齐，必须得下大功夫才行。织布鸟会像织布工人那样，用复杂的打结和编织技巧把青草固定在树枝上，所以收集到的青草要足够新鲜柔软。织布鸟会按照垂直的方向，用它的细喙把青草交替穿梭，最后编织出一个整洁稳固的格子状巢穴。一旦青草变得干枯发黄，雌性织布鸟就会觉得巢穴不够结实，不适合养育鸟宝宝，因此，雄性织布鸟就需要重新编织一个巢穴。

巢穴编织的步骤

要编织安全的巢穴，雄性织布鸟得按步骤实行

1.编个环形
织布鸟首先会把所有的草股或草叶都放置在一个树枝上，然后编出一个足够它通过的环形，作为整个巢穴的支撑架构。

2.加个屋顶
织布鸟接下来会给这个环形支撑加上屋顶和墙壁。它用喙把草股从环形支撑中穿进去，再从另一侧拉出来，然后一直重复这个动作，仿佛在做针线活一样。

3.织一扇门
有了屋顶和墙壁，织布鸟会在巢穴下面留出一个洞口作为巢穴的入口，再编织一个连接入口的通道。这样的巢穴可以阻挡捕食动物，防止它们突然从空中俯冲下来，把鸟蛋或幼鸟叼走。

编织手法

下面是织布鸟编织巢穴所用到的一些方法

简单环绕
织巢的第一步就是把草股一圈圈地环绕在坚硬的树枝上。

环环相扣
从单环草股中穿过去，再编出一个单环，环环相扣，从而打造出一根根可以作为巢穴地基的绳股。

螺旋缠绕
有时织布鸟会先把一根根草股螺旋缠绕在树枝上，使巢穴更加稳固。

打个半结
把单环草股环绕在树枝上以后，织布鸟会再打个半结，把草股轻轻固定住。

交叉环绕
为了让巢穴更加牢固，织布鸟有时会把草股交叉环绕在两个相邻的树枝上。

反手结
编好单环后，织布鸟会把活端从后面穿过去，将其固定在树枝或其他绳股上。

活结
织布鸟在编织巢穴时还会使用复杂的活结编织法。

"冰层里的气泡是易燃的甲烷气体"

亚伯拉罕湖 为什么会易燃?

冰层下面为什么会出现这些易燃的气泡?

　　亚伯拉罕湖看上去的确很壮观,但是要想靠近这个冰冻湖,需要时刻保持警惕。冰层下面的白色气泡实际上是甲烷气体,一种高度易燃的气体。

　　春天湖水融化后,这些甲烷气泡就会跑到湖面上来,随着气泡"砰"的一声裂开,甲烷就都逃到空气里去了。曾经有胆儿大的科学家跑来这里做实验,他们在冰面上凿出一个洞,把点燃的打火机放在洞口,马上就有巨大的火焰腾空而起。

　　甲烷是由生活在湖里的细菌生成的,这些细菌以落入湖底的树叶和动物尸体等有机物为食。这个人造湖床在1972年被洪水淹没之前,曾被树木、草坪和其他植物所覆盖,所以湖里的有机物质比其他天然湖泊多很多。丰富的有机物质为细菌提供了充足的食物,让它们可以生成大量的甲烷。

　　我们虽然可以在亚伯拉罕湖上进行精彩的喷火表演,但是甲烷却会对气候变化产生负面影响。甲烷是一种温室气体,可以把热量滞留在地球大气中,造成温室效应,是二氧化碳制造温室效应的25倍。不仅如此,随着气温升高,湖面周围会有更多的冻土融化、崩塌,造成越来越多的树木落入水中,为湖里的细菌带来更多的有机物质,从而生成更多甲烷,于是就形成了一个恶性循环。

　　亚伯拉罕湖释放出来的甲烷数量其实并不会造成太大影响,但是北极周围还有成千上万的水域,也都在制造甲烷。据科学家预测,不久之后,地球大气中的甲烷数量将达到现在的10倍以上。

霜花 是如何形成的?

这些美丽的冰花是怎么出现的?

霜花看起来很像是奇怪的植物或是某种海洋生物,但实际上它们是薄冰层上自然形成的小冰雕。在结冰的湖面、池塘和海洋上都能看到霜花,不过它们的形成需要很特殊的条件。

冰面上不能有风,空气要保持干燥,而且温度要比冰层低20℃左右。满足这些条件后,表面的冰层才有可能跳过中间液体的过渡阶段,直接升华为气体。水蒸气遇到上方的冷空气会凝结成冰晶,附着在冰层表面的凹凸处或裂缝上。由于空气中没有风,所以纤弱的小晶体不会被吹走,于是令人惊叹的霜花就生长出来了。随着霜花慢慢长大,它还会从下面的冰层中汲取更多的水分,而且这些水分中通常都含有微生物。从很多霜花所含细菌的密度可以看出,每个霜花实际上都是一个临时的小型生态系统。

霜花在南极和北极地区较为常见。

"每个霜花都是一个临时的小型生态系统"

青蛙和蟾蜍 有何不同?

虽然我们总是分不清青蛙和蟾蜍,但它们之间还是有所不同的

青蛙和蟾蜍都属于两栖纲无尾目动物,不过两者之间有明显的不同。青蛙有适合跳跃的长腿,皮肤覆盖着一层黏液,而蟾蜍则较为肥胖,皮肤干燥,腿也较短。青蛙喜欢待在水边,而蟾蜍则在陆地上更常见。另外,青蛙是蛙科家族的成员,而蟾蜍则是蟾蜍科家族的成员,蛙科和蟾蜍科这两个家族都很庞大,每个科下都有数百种不同的物种。

僵尸动物 存在吗?

在人类群体中僵尸是虚构出来的,但在动物王国,僵尸动物可是绝对的冷血无情……

僵尸动物并不像恐怖电影里那样行动迟缓、笨头笨脑,还喜欢吃大脑。但是对某些物种来说,它们却具有十足的威胁性。罪魁祸首是谁呢?答案是寄生虫。这些生命周期复杂的小型生物会在动物宿主体内安营扎寨,它们能够控制动物的大脑,把宿主动物当作活体傀儡,操控着它们到对自己有利的地方。

黄蜂是可以让蟑螂僵尸化的寄生蜂,它通过直接在蟑螂头部两个特殊的位置注射毒液,让蟑螂的大脑瘫痪掉。之后再操控着蟑螂到它的洞穴,将卵产在蟑螂的腹部。卵孵化后僵尸蟑螂就会死亡,而黄蜂的幼虫则会把蟑螂一口口地吞食掉。

另一个黄蜂品种绿眼黄蜂,它们会对瓢虫"下黑手"。绿眼黄蜂把卵产在瓢虫体内,并利用一种病毒攻击瓢虫的大脑,把瓢虫麻痹,将其变成照顾它们幼虫的"僵尸保姆"。幼虫孵化后会在瓢虫的双腿间织一个茧,把瓢虫当作自己的保镖,直到它们破茧而出。不过令人惊奇的是,四分之一的瓢虫最后还能从僵尸生活中恢复如初!

"它们控制着动物的大脑,把宿主动物变成活体傀儡"

被操控的啮齿动物

看到自己的天敌，所有的动物都会本能地感到恐惧，并立刻逃之夭夭。但是有一种寄生虫，它们可以改变啮齿动物对它们的天敌猫科动物的恐惧，并鼓励它们主动去寻觅猫科动物的踪迹。

弓形虫是一种单细胞病原体，它可以感染多种哺乳动物和鸟类，引起一种名为弓形体病的疾病，而且还能引起疟疾。和其他所有的生命体一样，弓形虫也需要繁殖。不过由于这种微生物的特殊性，弓形虫只有在猫的肠道内才能进行繁殖。

弓形虫感染啮齿动物后，会改变它们大脑内对猫科动物的本能恐惧，比如恐惧老鼠循着猫尿的气味去追踪猫科动物。当然，老鼠最后会被猫吃掉，而弓形虫就可以在猫的体内进行繁殖。

僵尸蚂蚁

真菌可以对木蚁进行"精神操控"，不过一次只能操控一只工木蚁。

精神操控

真菌细胞释放出的化学物质可以控制蚂蚁的中枢神经系统，强迫被控制的蚂蚁去寻找一处有利于真菌细胞生长的地方。蚂蚁会咬在一片叶子下面，把自己固定在那里。

死亡

真菌细胞随后会把宿主蚂蚁杀死，利用蚂蚁尸体里的营养长出一个大的用来释放孢子的基质柄，然后从蚂蚁的头部向下慢慢延伸。

感染

在森林里觅食的工木蚁如果远离了它们的蚂蚁帝国，那么蚂蚁的社会免疫系统就无法再保护它们，它们就很容易被真菌孢子感染。

散播孢子

真菌细胞成熟后，就会开始散播孢子。真菌细胞生长的地方是经过专门挑选的，所以洒落在地面的孢子可以很容易找到寄生的蚂蚁。

寻死的鱼

人们发现加利福尼亚州的一种鳉科小鱼可以成为一种吸食大脑的寄生虫的宿体，为了自身的生存，寄生虫会改变鳉科小鱼的行为。这种寄生虫需要在海鸟体内进行繁殖，鳉科小鱼被感染后，脑内血清素的分泌就会受到阻碍，从而让小鱼变得烦躁不安。鳉科小鱼一般会远离危险的水面，待在水下，但是被寄生虫感染后，它们就会游到水面上来，甚至跳出水面，从而大大增加了被鸟类捕食的危险。

变色龙是怎么伪装自己的?

　　某些变色龙体内含有色素细胞层,里面包含多种不同颜色的色素颗粒,通过移动这些颗粒,就可以改变它们皮肤的颜色。不过,它们的变色技能多用来进行情感表达而不是伪装自己。那些具有较强变色能力的变色龙喜欢利用自己的能力来吸引配偶,而不是躲避掠食者。和其他动物的伪装原理一样,多数变色龙可以通过变色和周围的环境融为一体。例如,棕叶变色龙身上斑驳的颜色和尖锐的身体形状可以让它在一片枯叶中毫不起眼。

间歇泉为什么会喷出热水?

　　间歇泉是地球表面的天然出口,能够间歇性地喷射出高大的热水柱,一般出现在有火山活动的区域。间歇泉的独特性在于它至少需要三个特殊的条件才能形成:每次喷射之后都能及时供应的水源;可以给水流加热的热源,一般是滚烫的岩石;一个密闭的通道系统,用于储存热水。随着越来越多的热水流入通道,通道内的气压就会越来越大,进而促使泉水向外喷射。

为什么不能直视太阳?

　　太阳光线中含有很多无法被肉眼吸收的能量,阳光可以在短短几秒钟内损坏我们的眼睛。如果直视太阳几秒钟,就会引起角膜炎(类似于晒伤),导致角膜破裂和发炎。虽然非常痛苦,但患者通常可以完全康复。眼睛暴露在阳光下的时间过长就会损伤视网膜,导致患者连续几个月视力模糊或辨色能力退化,有时甚至无法恢复正常。如果视网膜黄斑被损坏,还可能导致永久性失明。

蜘蛛为什么不会被蜘蛛网黏住?

　　并非所有蜘线都是有黏性的,很多网线都是干燥的结构性丝线,蜘蛛一般在这部分丝线上走动。当然,在需要重建或修补蜘蛛网的时候,它们也得去处理那些有黏性的螺旋丝线。蜘蛛之所以不会被黏住,是因为它们腿上有一层刚毛,可以最大限度地减少与黏性滴液接触的表面积。另外它们身上还有一层含有油质物的抗黏涂层,所以不用担心会被黏液黏住。

猫头鹰的脑袋可以旋转多少度?

猫头鹰的头部可以向任意方向旋转270度。科学家解释,这是因为它们的骨头和血管结构能够一直从颈部延伸到颅骨。猫头鹰脖颈上的骨块数量是人类的两倍,使得它的头部可以大幅度旋转,还是得益于这种特殊的血管结构。由于人类的头部连接着两个枢纽轴承,而猫头鹰的头部只有一个枢纽轴承,所以猫头鹰的头部要比人类的灵活。猫头鹰之所以需要不停地转动它的大脑袋,是因为它的眼球无法转动,所以周边视觉极差。

鸡蛋为什么是蛋形的?

鸡蛋为什么是蛋形的呢?原因如下:首先,鸡蛋这种不对称的锥形椭圆让母鸡产卵时更加容易。因为母鸡的泄殖腔的肌肉可以接触到更多的鸡蛋表面。其次,鸡蛋这种特殊的形状在滚动时会形成一个圆形路径,所以不容易滚到鸡窝外面去。最后,蛋形的鸡蛋能够互相紧密地贴在一起,方便取暖。

大树为什么不能长到天上去?

树木的生长受几个因素的限制,但决定一棵大树能长多高的关键因素是水分的传输。树木长得越高,水分传输的距离就越远,需要克服的重力也就越大。虽然高大的树木比周围其他的植物邻居可以获得更多的阳光,但是长到一定高度后,为顶端树叶提供水分需要耗费的能量要大于吸收阳光获取的能量,因此它们就不再继续长高了。另外,营养或水源的有限性,以及气候等环境因素也会影响树木的生长。

什么是马海毛?

马海毛是由安哥拉山羊毛制作出的一种丝绸般奢华的纺织品。首先把剪下的山羊毛纺成纱线,然后将纱线编织到棉衬上。据猜测,"马海毛"一词源自阿拉伯语"mukhayyar",指的是一种由山羊毛制成的布。马海毛之所以这么流行,是因为这种布料容易上色,且抗皱、防火和防潮。马海毛不仅轻便,而且还耐穿,保暖。由于马海毛在土耳其过度受欢迎,所以当地政府在19世纪20年代以前一直限制马海毛和安哥拉山羊的出口。

熊蜂和黄蜂有什么不同?

我们先来说说它们的相同点。熊蜂和黄蜂都是属于膜翅目的飞行昆虫,颜色都是黄黑相间。熊蜂这个大家庭的种类约有250种,都属于熊蜂属,一般以50～400只为单位集体生活在一起,以花蜜和花粉为食。黄蜂家族相对要更加庞大,包括3万多个品种,而且种类繁杂,几乎所有的黄蜂都是独来独往的捕食者,它们会把卵产在其他昆虫体内。只有1 000多种黄蜂是集体生活的,我们经常看到的黄蜂就属于这一类。

大米可以烘干被水泡过的手机吗？

除蒸馏水外，所有的水都含有杂质，因此具有导电性。水分会在几秒钟内让手机电池短路，再多的大米也拯救不了它。手机一旦掉进水里，不要浪费时间去关机，你需要马上把电池取出来。之后把手机在干燥的大米中放置 24 小时，大米会帮助吸收电路上以及屏幕里面的水分。你也可以把手机零部件尽可能地都拆下来，然后将其放置在暖和的晾衣橱上。

什么是有机食品？

不同国家对有机食品标记的要求都不一样，一般包括：避免使用不必要的化学品、转基因作物或不得进行特定的食品加工。不过，允许有限使用杀虫剂。对于有机家禽的饲养，标准相对要更高。然而，目前针对有机食品及其对人类健康的影响还存在很多争议。尽管很多人认为有机食品营养更丰富，但多数研究表明，事实并非如此。有机食品无疑含有较少的农药，但传统食品中的农药含量也都在安全可食用的范围内。

飞蛾为什么会被光吸引？

我们知道飞蛾是一种趋光性昆虫，会本能地被光吸引。然而，吸引它们的确切原因还没有科学证实，但有一种动物横向定位行为可以解释这种现象。横向定位行为是指动物会借助远处的自然光，比如太阳光或月光来进行导航。飞蛾很可能是被人造光所误导，所以才晕头转向地飞向光源处的。

为什么热水的洗碗效果比冷水好？

热水的洗碗效果比冷水好，这跟糖块能在热水中快速溶解的原理是一样的。根据热力学第二定律，随着温度的升高，水分子会获得更多的能量。热水中的水分子通过快速移动撞击碗碟上的油质，可以把碗碟洗得更干净。但是洗衣服的时候，热水的效果就不一定会比冷水好了。旧式清洁剂借助一种酶类的化学成分来分解衣物上的污垢，这种清洁剂在水温 30 ~ 40℃时效果最佳。但是现在的新型洗涤剂在低温下也能正常发挥作用。所以把洗衣机的温度调低不仅可以节省能源和金钱，还能保持衣物的使用寿命。

袋鼠为什么要跳着走？

袋鼠的跳跃要比跑更加省力，它们能以每小时 30 千米的速度轻松地进行长途旅行。在澳大利亚贫瘠的内陆地区，动物需要走很远去寻找食物或水源，袋鼠的这种能力具有很大优势。袋鼠拥有可以储存和释放能量的修长的弹性肌腱，能够最大限度地提高效率。跳跃的时候，袋鼠身体前后运动，帮助空气进出肺部，从而节省更多的能量。

啄木鸟能啄多快？

北京航空航天大学曾做过研究，啄木鸟移动头颅的速度高达每秒 7 米，也就是每小时超过 25 千米。

美洲豹

豹子

美洲豹身上的玫瑰样图案里一般都有小黑点。

怎么区分美洲豹和豹子?

这两种大型猫科动物乍一看上去并没什么不同,但你可以通过仔细观察皮毛上的图案把它们区分开。美洲豹和豹子身上都有玫瑰样图案,但是美洲豹身上的玫瑰样图案通常更大一些,而且里面一般都有小黑点(除非它们本身是黑色看不出来)。

美洲豹和豹子在体型和大小上也有区别。豹子的尾巴更长,体型也更修长,而美洲豹一般身材紧实,头部更宽大。美洲豹只生活在南美洲,而豹子在非洲和亚洲都可以看到。

开着的空插座会耗电吗?

答案是,不。墙上的插座只起到连接通电电线和插头的作用,它主要是为没有开关设置的电器设备提供便利。但是,对于开着的墙壁插座与没有开关配置的插座,两者没有任何区别。这些插座一直都处于开着的状态,但是只要没有可以闭合电路的插头插入,它们就不会耗电。只有什么东西插入电源才能完成活动插脚与中性指脚之间的电路连接。对墙壁插座来说,并不存在什么"备用电源",因为它们里面没有任何电子元件。

太空中有声音吗?

声音以声波的形式存在,可以在空气中传播。但是太空中没有声波可以借以传播的空气。然而,一位美国国家航空航天局的物理学家却在2013年的时候宣布,他在星际空间里记录到了声音。

电子在穿过等离子体时会产生电磁振动,而唐·加奈特所使用的仪器恰恰可以记录到这种电磁振动。它们并不是声波,但是它们发出的脉冲声频率和声波类似。加奈特希望借助该仪器找到旅行者1号离开日光层的证据。得益于太阳风暴,该仪器可以捕捉到低至300赫兹的声音,一旦有可辨别的声音从里面经过,就可以被记录下来。

旅行者1号一旦离开了日光层,开始在星际介质中飞行,那么它的声波就会变为2~3 000赫兹,因为星际介质的密度更大。尽管太空中没有真正的"声音",但是只要你具备一定的知识和正确的仪器,就可以听到特定的声音。

奶酪的外皮可以吃吗?

奶酪的外皮当然可以吃,只要涂抹在奶酪外面的那一层不是蜡就行。奶酪外皮是细菌和真菌在奶酪外层聚集而形成的,它会改变奶酪表层的形态、口感和纹理。

奶酪外皮主要有三种类型,一种是在布里干酪上看到的有粉衣的奶皮,这是在奶酪上喷洒青霉素孢子后形成的。还有一种是通过在盐水或酒精中浸泡而形成的水洗奶皮。最后一种是自然奶皮,比如帕尔马干酪,这是奶酪自然老化风干后形成的坚硬外皮。所有奶皮都可以食用,只不过有些自然奶皮质地坚硬,口感不好。

落水狗为什么如此难闻?

落水狗身上的味道是很难闻的,这种臭味其实是来自寄居在狗皮毛中的微生物如酵母菌和细菌的排泄物。这些有机体和水直接接触后,它们的化学键就会被破坏,从而向空气中释放麝香分子。而当湿狗身上的水汽蒸发时,会增加狗周围空气的湿度,由于湿润的空气可以容纳更多的分子,所以湿狗身上的气味才尤其难闻。

第二章 技术

第二章 技术

YouTube
是怎么运作的?

一起来了解YouTube视频分享网站背后的技术原理。

YouTube 自 2005 年首次推出以来，已经迅速成为世界排名第一的在线视频网站，吸引了超过 10 亿固定用户。不管是有趣的宠物视频片段，还是你在家里的舞蹈镜头，都可以在这家 Google 旗下的视频网站上与世界各地的人分享。

YouTube 不仅可以让用户共享可爱的猫咪视频和有趣的自制影片，还帮助很多人找到了属于他们的职业。例如，流行歌星贾斯汀·比伯就是通过在 YouTube 上传自己的演唱视频，才被星探挖掘出来的。佐伊·苏格（又名佐艾拉）也是因为在 YouTube 上的视频博客备受欢迎，才拿到自己的出书合同，并成功推出一系列美容产品。你甚至还可以在 YouTube 上赚钱，因为

有些公司会在你的视频播放前或播放过程中投放付费广告。

YouTube 之所以这么受欢迎，主要得益于它使用的便捷性。用户可以上传不同格式的视频，YouTube 会将这些视频转化为扩展名为 .FLV 的 Adobe Flash 视频格式。你可以在电脑或智能设备上免费安装 YouTube 的 Flash 播放器，网站上的所有视频都可以在上面播放。

YouTube 还可以将网站上的视频嵌入到其他网站，你只需要简单地复制粘贴一段 HTML 代码，就可以让访客在你的网站上通过 YouTube 观看视频，省去了你在自己的网站上托管视频的麻烦，也降低了对带宽的要求。

"YouTube之所以这么受欢迎，主要得益于它使用的便捷性。用户可以上传并观看不同格式的视频"

迅速走红 如何成为YouTube上的网红

1.找准定位

选择一个 YouTube 上没人做过的有趣主题或话题，比如 YouTube 网红佐艾拉专注于为人们提供时尚和美容小诀窍，还给人们介绍她最爱的美容产品。

2.创建工作室

你可以用智能手机拍摄视频，但是在三脚架上用摄像机拍摄让视频更专业。你可以在自然光线良好的户外拍摄，也可以在明亮的室内录制，或者选择配备专门的照明设备。

3.上传视频

最后用编辑软件编辑视频，剪切掉不必要的片段，确保声音可以正常播放。接下来就可以创建一个 YouTube 账户并上传你的视频了。网站会自动将视频转换为 Adobe Flash 视频格式的。

4.命名

在给视频命名时，尽量包含与视频主题相关的所有关键字，同时想想观众会使用哪些关键词搜索视频。另外，给视频添加一个恰当的缩略图，并附上详细的说明。

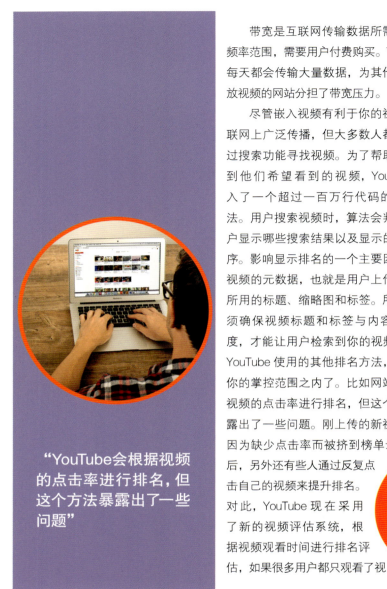

"YouTube会根据视频的点击率进行排名，但这个方法暴露出了一些问题"

带宽是互联网传输数据所需的信号频率范围，需要用户付费购买。YouTube每天都会传输大量数据，为其他需要播放视频的网站分担了带宽压力。

尽管嵌入视频有利于你的视频在互联网上广泛传播，但大多数人都喜欢通过搜索功能寻找视频。为了帮助用户找到他们希望看到的视频，YouTube引入了一个超过一百万行代码的复杂算法。用户搜索视频时，算法会判断为用户显示哪些搜索结果以及显示的先后顺序。影响显示排名的一个主要因素就是视频的元数据，也就是用户上传视频时所用的标题、缩略图和标签。所以你必须确保视频标题和标签与内容的匹配度，才能让用户检索到你的视频。至于YouTube使用的其他排名方法，就不在你的掌控范围之内了。比如网站会根据视频的点击率进行排名，但这个方法暴露出了一些问题。刚上传的新视频往往因为缺少点击率而被挤到榜单最后，另外还有些人通过反复点击自己的视频来提升排名。对此，YouTube现在采用了新的视频评估系统，根据视频观看时间进行排名评估，如果很多用户都只观看了视频的前几秒，就说明视频的标题或说明具有误导性，并非观众想要寻找的视频。而如果观众完整地看完了一段视频，就说明这是他们想要寻找的，视频排名就会提高。

至于YouTube的其他排名技巧我们就不得而知了，因为公司对采用的算法一直都很保密，而且会经常调整算法，防止有人对视频排名进行操控。我们所了解的是，YouTube的确采取一些措施来保证视频的观看次数能够体现视频的质量，"301"这个神秘数字就体现了YouTube在这方面所做的努力。你可能也注意到了，视频观看次数在达到301次之后，在随后的几个小时甚至几天内，这个数字就会停滞不前。这是因为，当视频播放次数到达300次时，YouTube的工作人员就需要对视频进行审核，确保播放次数能够准确反映视频的受欢迎程度。他们会分析观看数据，了解观众是否完整地观看了视频，而不是通过反复点击播放按钮增加观看次数。一旦发现有操纵行为，视频的观看次数就会冻结在301这个数字，直到视频真正的观看次数达到301次。

人们每天通过Facebook观看的YouTube视频总长度加起来超过500年

YouTube 发展简史

2005
YouTube 的联合创办人贾伟德·卡里姆在网站上传了第一个视频，时长18秒，记录了他在动物园的场景。

2006
Google 以 8.83 亿美元收购 YouTube 股份，网站每月约有 7 200 万人次的访问量。

2007
推出 YouTube 移动端，用户可在智能手机上观看视频，同年网站开始投放广告。

2008
首次引入 720p 高清技术，用户可以在网站上传并观看高清视频。

视频存储

　　Google 在全球范围内建有 14 个数据中心，上传到 YouTube 的每个视频都会在一个或多个数据中心进行存储。Google 每个数据中心都包含数千台服务器，这些功能强大的计算机不仅需要存储上传的视频，每天还得处理数十亿次 Google 搜索。为了确保设备正常运行，还有专门的巨型冷却塔，让设备温度维持在 27℃。安全起见，每个数据都会在两个以上的服务器内进行存储。各个数据中心相互关联，可以互相发送信息。用户上传的视频首先会储存在就近的数据中心，如果有观众想要播放视频，视频就会被发送到离观众最近的数据中心，方便观众快速获取。这样做还可以预防在发生火灾或其他灾难时，通过将数据传输到另一个数据中心来保证数据不会丢失。

欧洲、亚洲和南北美洲都建有 Google 的数据中心。

2009
用户可以上传并观看 1080p 的高清视频，同时引进 3D 视频技术，为用户提供更好的观看体验。

2010
YouTube 在技术上与时俱进，支持上传超高清 4K 视频。

2011
YouTube 的"切片"项目可以将视频以较小的单位分次发送到用户设备上，无须缓冲。

2012
改善实时流媒体服务，2012 年伦敦奥运会期间，对 1200 场赛事进行了直播。

2014
支持每秒 60 帧（fps）的视频播放，让回放更加顺畅。

2015
支持上传球面视频，观众可以从任一角度观看视频场景。

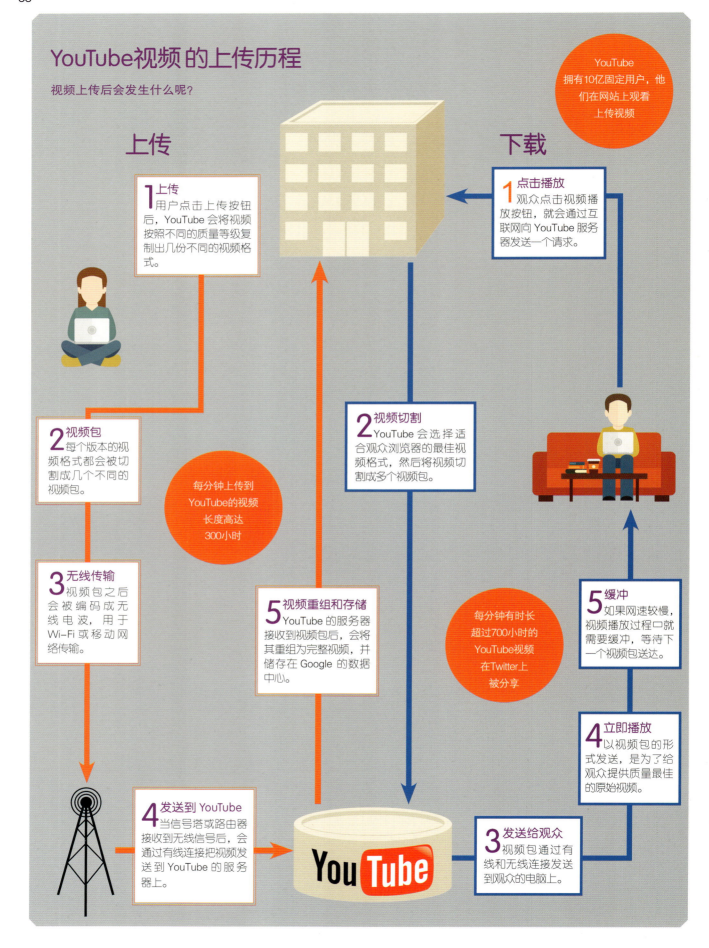

YouTube视频的上传历程

视频上传后会发生什么呢？

上传

下载

YouTube拥有10亿固定用户，他们在网站上观看上传视频

1 上传
用户点击上传按钮后，YouTube 会将视频按照不同的质量等级复制出几份不同的视频格式。

2 视频包
每个版本的视频格式都会被切割成几个不同的视频包。

3 无线传输
视频包之后会被编码成无线电波，用于Wi-Fi 或移动网络传输。

4 发送到 YouTube
当信号塔或路由器接收到无线信号后，会通过有线连接把视频发送到 YouTube 的服务器上。

每分钟上传到YouTube的视频长度高达300小时

5 视频重组和存储
YouTube 的服务器接收到视频包后，会将其重组为完整视频，并储存在 Google 的数据中心。

1 点击播放
观众点击视频播放按钮，就会通过互联网向 YouTube 服务器发送一个请求。

2 视频切割
YouTube 会选择适合观众浏览器的最佳视频格式，然后将视频切割成多个视频包。

每分钟有时长超过700小时的YouTube视频在Twitter上被分享

5 缓冲
如果网速较慢，视频播放过程口就需要缓冲，等待下一个视频包送达。

4 立即播放
以视频包的形式发送，是为了给观众提供质量最佳的原始视频。

3 发送给观众
视频包通过有线和无线连接发送到观众的电脑上。

如何选择 合适的钻头？

如何选择正确的钻头打出合适的钻孔

人类最早使用简单的钻头在材料上钻孔。现在，钻孔技术可以帮助我们做很多事，包括勘探石油和治疗牙痛。而日常的钻孔设备在设计上非常简单，按下开关启动电动机，电动机带动卡盘旋转，把钻头旋进目标材料。

尽管技术简单，但是如果钻孔不当就会破坏材料，甚至让使用者受伤。

所以说，选择正确的钻头很关键，这也是真正体现技术进步的地方。如今市场上有多种不同形状和尺寸的钻头，多数钻头都有一个锥形或锋利的尖头，以及一个可以清理钻孔的螺旋钻。很多专业钻头具有独特的设计和功能，比如锥形钻头，它可以在很薄的材料上钻出不同直径的孔。

钻头的旋转或扭转是为了将钻出的材料从孔中移出，根据切割速度的不同会有所差异。钻头角度的选择取决于钻材，钻材越坚硬，钻孔的角度就越大，钻材越柔软，钻孔的角度就越小。所以选择正确的钻头，这将降低钻孔不均匀或位置错误的风险。

© Dreamstime

高速钢轧制钻
最常见的钻头类型，适用于塑料、木材和金属。

螺旋钻
功能上和平钻头相似，钻孔平整，不需要太大扭矩，多用于手动钻孔机。

曲头钻
这种钻头具有中心定位功能，可以在各种木材上准确钻孔。

平钻
可以在木材上打出精准平整的钻孔，容易打磨，且价格实惠。

石工钻
钻如其名，这种钻头主要用在混凝土和砖块上打孔。外面有一层硬质合金涂层，十分耐用。

高速钢钛合金钻
这种钻头可以在多种材料上快速钻孔，包括银器、青铜、铁器和铜器。

多功能钻
这种钻头可以解决多种日常钻孔需求。钻头有中心定位功能，准确度高，还配有坚硬的钻石外缘。

玻璃瓷砖钻
主要用于软瓷砖、陶瓷和玻璃等材料的钻孔，配有硬质合金尖端，持久耐用。

电动剃须刀
是怎么工作的?

刀片为什么在修剪胡须时不会伤害到皮肤呢

电动剃须刀一般分为电动箔或旋转式两种。电动箔剃须刀通常在一层薄薄的金属箔网下安置一个振动刀片,金属箔的作用是为了将毛发引向刀片,让使用者可以彻底干净地剃须。

旋转式剃须刀配有可以旋转切割的圆形刀片,刀片通常可以在剃须刀内弯曲,比其他剃须刀更容易进入弯曲区域。旋转式剃须刀旋转使用时效果最佳,旋转时毛发更容易进入到刀头上的缝隙。

旋转式电动剃须刀
旋转式电动剃须刀是怎么对付不同长度的胡须的。

拆卸方便
这个按钮可以帮助轻松拆下剃须头,便于清洗和清除脏物。

长发裂槽
这些裂槽可以把较长的胡须引向剃须刀的内置刀片。

三叶刀片
旋转式电动剃须刀一般都配有三叶刀片,三角形的排列结构可以覆盖较大面积。

主体
电动剃须刀的主体轻便易操作,内有可充电电池和马达系统。

弯曲契合人体工程学
三叶刀片可以在剃须刀内上下弯曲,能够有效修剪弯曲区域的胡须。

音乐 是如何被放大的?

一起来探索乐器发出的声音是如何转变为露天场所震耳欲聋的乐章的

众所周知,吉他放大器的推出对音乐的发展做出了重大贡献。不管你喜欢的是吉他之神吉米·亨德里克斯还是音乐家埃里克·克拉普顿,如果他们传奇般的演奏不能通过放大器播放出来,你肯定无法想象其魅力。

要放大琴弦的声音,需要经过三个步骤。琴弦以特定频率振动,信号通过吉他拾音器到达前置放大器,前置放大器会提高吉他所产生的信号电压。前置放大器还可以降低吉他内部的噪音和干扰,整体音效在被放大时可能会有所扭曲。

功率放大器放大整个信号后将其发送到扬声器,扬声器根据调节的音量发出吉他的声音。现如今,电吉他、原声吉他以及低音吉他的放大器都很常见,它们帮助塑造了各种流派的现代音乐。

组合放大器
吉他组合放大器内含有放大器和扬声器

扬声器
扬声器的作用就是放大音符,而瓦特数和功率都可以根据个人喜爱进行选择。

安装支架连接器
这两条红线通过两个小的节点将安装支架和扬声器连接起来。

混响箱
现在的很多放大器都带有内置的混响效果,用来传递吉他声音的回声。

什么是 5G ？

新一代移动通信是怎样把我们同家庭和汽车关联在一起的

虽然很多人还没有接入 4G 移动网络，但科技的步伐已经开始向 5G 迈进了。我们对移动数据的需求每年在成倍增长，而第五代移动通信技术可以满足我们的数据需求，让我们尽情地在移动设备上浏览网页和在线内容。未来很多技术也会用到 5G，比如无人驾驶汽车、智能城市和物联网—— 一个把所有日常设备都关联在一起，为我们提供生活便利的网络。

虽然世界上某些地区有望尽快开始使用 5G，但我们至今还没有完全弄明白其背后的技术。有些公司希望在现有的技术基础上创建 5G 网络，就是简单地提高 4G 无线电频率。还有一些人则认为需要重构整个无线电网，例如有人提出，创建 5G 需要使用高频毫米波，以及一系列与建筑物和灯柱相关联的基站。

我们所知道的是，5G 的速度会非常快，预计会比 4G 快 100 倍，下载一部电影只需要一秒钟。延迟时间，也就是数据传输所需的时间将大大减少，这意味着只要你一按下播放键，视频就会马上开始播放。5G 的容量也会更大，可以让更多的用户同时访问网络，移动运营商强加给我们的数据限制也有可能会取消。

当然，并不是所有手机都可以使用 5G 的，它需要全新的硬件和软件来支撑。话又说回来，等到 5G 推出，你的手机估计也需要更新换代了，而手机制造商也会确保他们的产品能够支持最新技术。

5G蓝图

5G 研发中心的 Rahim Tafazolli 教授为我们详细解释了下一代移动通信网络的发展现状。

为什么需要 5G？

与以往的移动通信网络不同，5G 将专注于用户和用户需求。其目的是通过利用有限的资源，给用户提供无限容量和可用性的使用体验。要实现这一目标有两个方法，一是更好地预测用户需求，让应用程序可以在网络负载最小时执行带宽繁重的任务，通过较少"延迟"来优化网络响应时间。二是提高可用无限网络的利用率。

5G 研发过程中需要克服哪些困难？

5G 研发急需降低终端用户成本：鉴于用户对数据的需求可能增长到难以承受的倍数，如果新兴技术能够成为主流，那么我们也不可能按照这个比例增加用户每月流量账单的金额。降低能源消耗是 5G 研发需要克服的另一难题，既要减少排放，又要提高终端用户的利益，比如延长电池寿命，以及为可穿戴设备提供创新的能源解决方案。5G 研发会促使未来出现一系列的商业模式，例如，像运营商会通过为我们提供网络覆盖收取费用一样，我们也可以通过自己的 Wi-Fi 路由器或超小型家庭基站为他人提供网络覆盖，并据此向他人收取费用。

5G 的主要优势是什么？

5G 和简单的 2G、3G、4G 网络不同，它将是一个可以在广泛的无线区域内提供无线覆盖的异构网络，包括开放的室外环境、办公楼、家庭和地下区域等。不仅如此，5G 可以判断在附近的区域如何利用可用的网络（2G、3G、4G 及其变形、Wi-Fi、小型基站、广域移动网络等），以及如何有效利用不同频段为用户提供足够的容量。

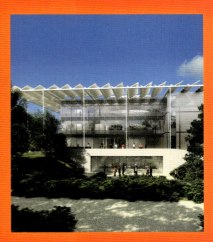

萨里大学的 5G 创新中心是英国的 5G 研发中心。

5G是如何运作的

借助未来的灯柱和汽车上的装置传输数据

小型基站
为了克服信号覆盖范围小的问题，需要在建筑物中设置多个小型基站，帮助传输大型灯柱发出的无线电波。

个人关联
每个基站将包含数百个天线关联设备，每个天线对应一个附近的移动设备。

供需关系
基站之间也会分享数据，便于计算每个用户的数据需求，并按需分配流量。

短程覆盖
高频波的覆盖距离较短，如果有建筑物阻挡，信号就会减弱。

THE KINGS HEAD

Drinks
Martini
Margharita
Ale
Gin

Food
Sausage
& Mash
Pies
Chips

THE KINGS HEAD

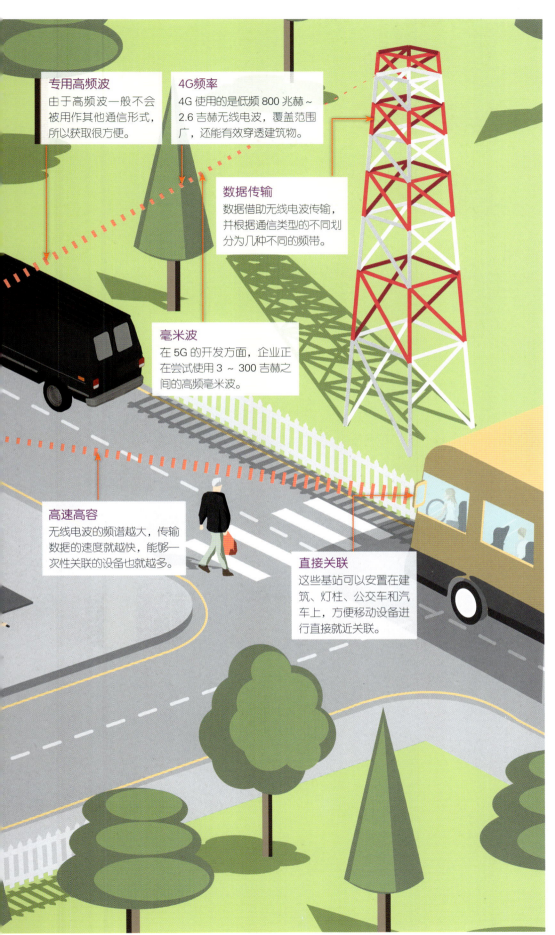

专用高频波
由于高频波一般不会被用作其他通信形式，所以获取很方便。

4G频率
4G 使用的是低频 800 兆赫 ~ 2.6 吉赫无线电波，覆盖范围广，还能有效穿透建筑物。

数据传输
数据借助无线电波传输，并根据通信类型的不同划分为几种不同的频带。

毫米波
在 5G 的开发方面，企业正在尝试使用 3 ~ 300 吉赫之间的高频毫米波。

高速高容
无线电波的频谱越大，传输数据的速度就越快，能够一次性关联的设备也就越多。

直接关联
这些基站可以安置在建筑、灯柱、公交车和汽车上，方便移动设备进行直接就近关联。

东京5G
体育场

在 5G 研发的竞赛中，似乎很多公司都把全球体育赛事作为其终极目标。不过，日本有望在 2020 年东京举办奥运会时建成商用 5G 网络。日本政府已经投资了几家本地公司开发下一代移动技术，并计划将研发的新技术应用到奥运会体育场。在包含 80 000 个座位的会场上配置几个小型基站，为每个观众提供高达每秒 1 000 兆的数据传输速度。这也就意味着，每个人都可以实时分享赛事图片和视频，以及他们对赛事的观点。

2020 年东京奥运会的未来主义设计场馆能够配置独立的 5G 网络。

橡皮擦 的原理是什么?

我们为什么不用面包屑来修改错别字了

要了解橡皮擦是如何去除铅笔印迹的,我们首先需要对铅笔有所了解。大家知道,铅笔芯不是铅制的,而是由石墨和黏土的混合物制作而成。

当我们在纸上写字时,这种混合物的碎片就会黏在纸纤维上,留下清晰可见的印迹。橡皮擦能够去除铅笔的印迹,是因为它比纸纤维的黏度更大,所以石墨和黏土颗粒就会转而依附到橡皮擦上。

事实上任何比纸的黏度大的东西都可以当作橡皮擦来用,在 18 世纪 70 年代以前,湿润的面包一直是人们最喜欢用的材料。据说,科学家约瑟夫·普里斯利曾错把胶乳当作面包来用,并因此发现乳胶也可以擦掉铅笔印迹,这就是"橡皮"这个名字的来源。

现在,由于天然橡胶价格昂贵,而且很多人对它过敏,所以橡皮擦一般是由合成石油基橡胶制成,例如聚氯乙烯。

有些橡皮擦中含有火山岩浮石碎片,可以提高其耐磨性。

冷藏箱 是如何让食物保鲜的?

有了便携的小冷藏箱,我们野餐的时候就不用再吃软塌塌的三明治了

冷藏箱一般是由厚厚的塑料加上一个厚盖子组成的,样子看上去都很丑。为了达到隔热的效果,冷藏箱的设计并不美观,外壁由很多层组成,中间填充了隔热材料,如充满气泡的聚苯乙烯。空气的导热性很差,所以泡沫中的空隙有助于减缓外部热量向箱内传递。

热量传递的方式有三种:对流(热量通过流动的液体或气体移动)、传导(热量通过粒子碰撞在物体内移动)和辐射(热量通过电磁波被物体释放和吸收)。冷藏箱盖上盖子后,由于外部的暖空气很难进入到箱内,所以热量很难通过对流传递到食物中。由于聚苯乙烯层中的气泡是良好的隔热体,所以热量传导也很差。一些冷藏箱或凉袋上还有反射外涂层,用于阻挡阳光的辐射。

什么是感应式 无线充电 ?

家里乱糟糟的插头和充电线都可以扔掉了

一团乱糟糟的电线是不是让你心烦意乱？那么手机无线充电技术绝对会是你的救星。事实上，无线充电技术已经出现很久了，早在 19 世纪后期物理学家尼古拉·特斯拉就提出，两个物体之间可以通过电磁场来传输功率。到 20 世纪 90 年代，人类已经制造出极小的电子设备，用于为人造心脏和电动牙刷等设备充电。

现在，无线充电技术已经可以用于智能手机、平板电脑，甚至是电动车。但是如果这项技术真的如此便利，为什么没有推广使用呢？其中一个原因就是，该技术的效率并不高，因为大量的能量都以热量的形式损失掉了，所以设备充电需要花费很长时间。另外，和有线充电器一样，充电的时候设备不能离充电器太远。

不过我们现在正在研发的感应式无线充电技术，可以让设备在距离充电器更远的地方进行充电。

感应式无线充电技术的原理

电流是如何在空气中进行传输的

5.直流电
在接收线圈中流过的交流电通过接收电路转换成直流电。

4.接收器
设备在靠近接收器时，接收器线圈内的磁场就会产生电流。

6.电池电源
单向流动的直流电可以给设备内的电池充电。

1.电源
来自墙壁插座中的电源是交流电，每秒钟会改变好几次方向。

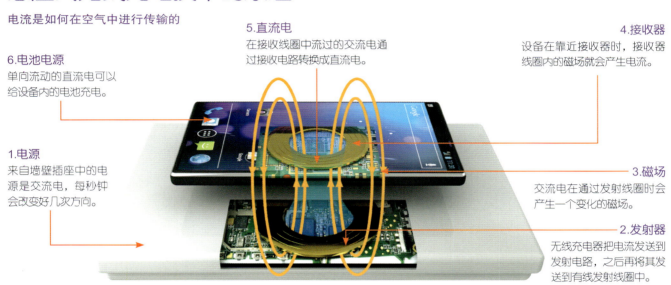

3.磁场
交流电在通过发射线圈时会产生一个变化的磁场。

2.发射器
无线充电器把电流发送到发射电路，之后再将其发送到有线发射线圈中。

无线电话 的工作原理是什么?

数字无线通信是如何成为家庭标配的

无线电话是我们生活必备的一项科技发明。无线电话技术兴起于 20 世纪 80 年代，是允许人类在家里随意走动着打电话的首个通信设备发明。无线电话由一个听筒和一个基座组成，两者缺一不可。基座和电话插孔相连接，以电子信号的形式接收来电呼叫，然后将其转换为无线电信号发送到听筒。听筒接收到无线电信号后重新将其转化为电子信号，然后发送到扬声器，形成声音。我们说话的声音也会作为无线电信号被发送到基座，并被基座转化为电子信号借助电话线发送出去。

距离、音质和安全性都是必不可少的，随着时间的推移，模拟频率已经被数字所取代。有些远程无线电话可以允许我们在距离基座 50 米远的地方拨打和接听电话。

天文馆 里都有什么?

你可以在这里探索美丽的夜空

要想去探索太空，你不需要跑去接受好几年的宇航员训练，因为在天文馆里，你可以在双脚不离地的情况下，就能够体验到神奇的虚拟太空之旅。天文馆里的图像不是投放在电影屏幕上的，而是投射到圆顶的天花板上，为参观者营造出身临其境的感觉。

英国温彻斯特天文馆馆长珍妮·希普韦说："屏幕上没有边缘，这会让你觉得自己是真的置身其中。播放期间，你根本意识不到圆顶的存在，所以你可以借助大脑的想象力，幻想自己真的置身于真实立体的太空中。"

早期的天文馆只是在圆顶内描绘出夜空，让人们清楚地看到所有的星座。然而，投影仪发明出来后，我们不仅可以利用投影仪来展现移动的天体和固定的恒星，还能展现地球上不同观测点所能看到的景象。

传统的天文馆使用机械星球投影仪，这只能展示从地球上可以看到的恒星和行星。现代化的天文馆使用的是与电脑相关联的数字投影仪，可以把宇宙中任何一个地方的景象展现在圆顶上。如果利用来自世界各地太空机构、航天器和望远镜的数据，整个星系的真实图像都可以在圆顶上展现出来。

希普韦表示，"我们引进了Uniview（宇视）的软件，软件中记录了一个我们已知的宇宙虚拟模型。我们将它用作飞行模拟器，就像玩电脑游戏一样，只要动动鼠标就可以飞到宇宙任何地方去。从地球到可见宇宙的边缘，你可以无限畅游。"

现代天文馆内部

几台投影仪共同打造出无缝影像

无缝屏幕
穿孔铝板非常薄，几乎看不出铝板间的拼接。

没有回声
铝板屏幕上有很多小孔，可以把声音释放出去，避免馆内出现回声。

防反射
屏幕的灰色涂层可以减少投影仪灯光的反射。

机械挡板
每个投影仪只展示每一帧图像上的一部分，其他部分都用机械挡板隔断。

星球投影仪只能展现从地球特定半球看到的景象

星球投影仪

有些天文馆现在仍然在使用传统的模拟投影仪，也就是星球投影仪。这些金属球体安置在观众中间，里面有一个电灯，通过周围的小聚焦镜片发出明亮的光。聚焦镜片用来展现星体，通过把光线聚焦到天文馆的圆顶上，再现夜空景象，正如我们从地球上看到的星空。单个星球通常固定在一端，因此只能显示一个半球的视图。不过，许多投影仪都带有两颗星球，以哑铃结构连接在一起，方便展现从地球任何地方看到的夜空景观。另外还可以增加移动投影仪，用来展示卫星、行星和其他移动天体。星球投影仪的主要局限在于，它们只能显示从地球看到的景观，而数字天文馆则可以探索更为广袤的宇宙。

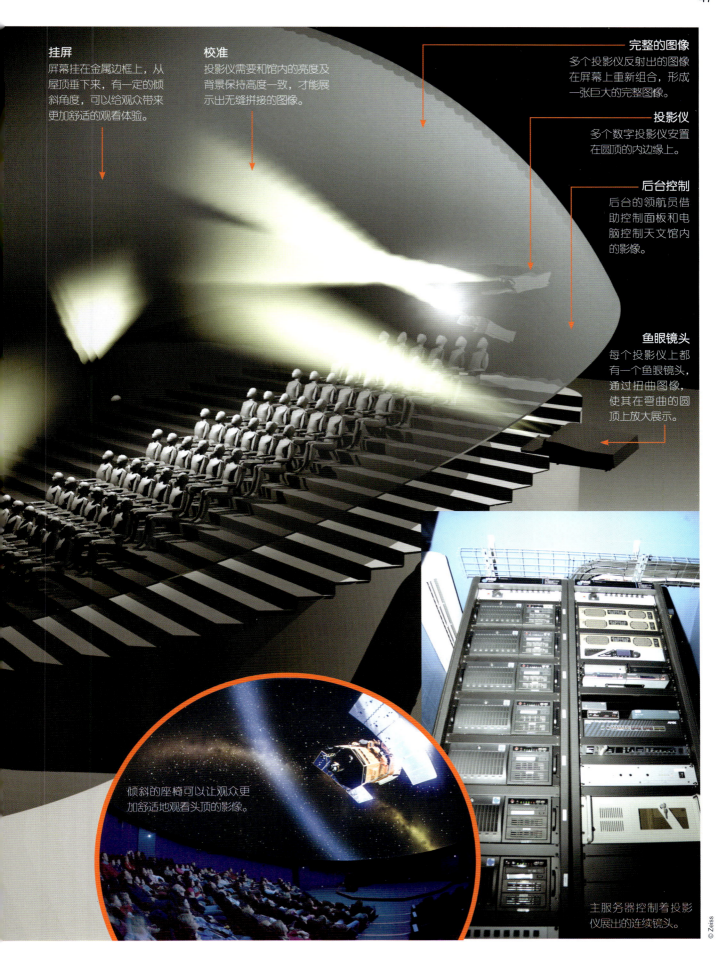

挂屏
屏幕挂在金属边框上，从屋顶垂下来，有一定的倾斜角度，可以给观众带来更加舒适的观看体验。

校准
投影仪需要和馆内的亮度及背景保持高度一致，才能展示出无缝拼接的图像。

完整的图像
多个投影仪反射出的图像在屏幕上重新组合，形成一张巨大的完整图像。

投影仪
多个数字投影仪安置在圆顶的内边缘上。

后台控制
后台的领航员借助控制面板和电脑控制天文馆内的影像。

鱼眼镜头
每个投影仪上都有一个鱼眼镜头，通过扭曲图像，使其在弯曲的圆顶上放大展示。

倾斜的座椅可以让观众更加舒适地观看头顶的影像。

主服务器控制着投影仪展出的连续镜头。

人造海浪是怎么形成的?

威尔士北部的康威山谷中,一个巨大的雪犁带出了滚滚巨浪

冲浪爱好者们,欢呼吧!在威尔士北部一座旧铝场中,一家内陆冲浪场所正式开放了,世界各地的冲浪者都可以去体验这个世界上最长的人造海浪了。

斯诺多尼亚冲浪公园是一个耗资 1 870 万美元的项目,由冲浪爱好者建造,为冲浪爱好者服务。该项目的工程师是忠实的冲浪爱好者,他们希望创建一个人工冲浪池,帮助现有冲浪爱好者训练学习,不必再到海边等待自然海浪的到来。

制造这些波浪的是一个看起来像是巨大雪犁的设备,在水下从 300 米长的潟湖中心划过,推着前面的水流形成巨大的管状波浪,看起来就像是真正的海浪。海浪最高可达 2 米,能够向前冲出 150 米,让冲浪者可以一次性冲浪 20 秒。

巨型雪犁每分钟就能制造一波海浪,海浪还会与潟湖湖床的外围轮廓相互作用,能够在冲浪池的不同地段产生可预测的多种海浪状态,也就是说各个年龄段和不同冲浪能力的冲浪者都可以在潟湖中找到适合他们的冲浪地点。

自然海浪

大部分自然海浪都是风吹拂海面引起的。风在吹拂海面的时候会引起摩擦力,风持续吹,把海浪越推越大。波浪沿着水柱垂直向下延伸,在接近海岸的时候,浅水会给波浪的底部带来阻力,从而导致波长缩短,波峰攀高,直到最终达到极限而破裂,就像我们看到的海浪拍岸。

人造海浪技术

一起来看看这个人造冲浪池是如何不间断地制造海浪的。

计算机控制
人造海浪池中央码头的两端有两个计算机塔房,用于控制波箔。

水源
来自高山水库的雨水会通过附近的一个水力发电厂流入潟湖。

中央码头
一个利用缆车原理的驱动系统在码头下推动着波箔运动。

容量大
冲浪池可一次性容纳 52 位冲浪者同时冲浪。

双向冲浪
雪犁在冲浪池中来回运动,所以冲浪者可以进行双向冲浪。

潟湖外围线
潟湖的外围线由网状物组成,帮助缓解海浪的冲力。

定制海浪
可以通过准确的参数设定制造出绝佳海浪。

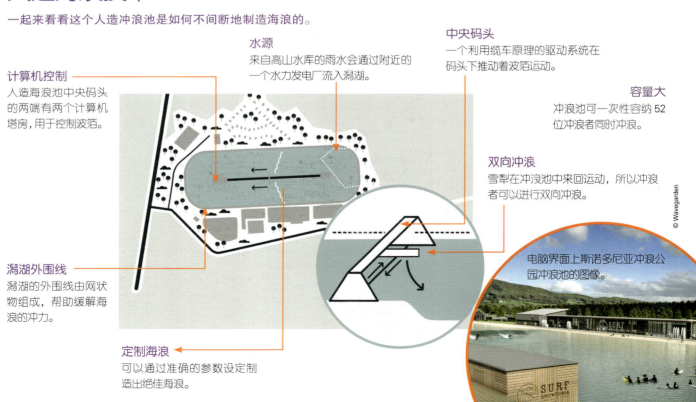

电脑界面上斯诺多尼亚冲浪公园冲浪池的图像。

© Wavegarden

这项新科技通过模拟人体细胞对不同药物的反应，从而促进药物的研发。

什么是 器官芯片？

这会是动物实验的终结吗？

这种微型硅芯片是为了模仿心脏、肺和肠等复杂器官的功能而设计的，虽然只有小型 U 盘那么大，但它很有可能会改变医学的发展。芯片上嵌有微流体通道，与人体特定器官上的细胞相连接。药物借助这些管泵输送到芯片，研究人员便可以借助显微镜观察这些"器官"对药物的反应。

例如，肺芯片一共有两侧，一侧担任人体肺细胞，另一侧担任毛细血管细胞。两侧之间由多孔膜分隔，多孔膜是一个薄壁结构，空气或液体可以通过。空气从肺芯片一侧通过，血液状溶液从另一侧流过，借助真空制造伸展运动，用以模拟人体的呼吸机制。

哈佛大学怀斯研究所的科学家迄今为止已经复制了几种不同的人体器官，他们还在不断测试和评估芯片的局限性。希望可以借助这些芯片来开发新药物，从此终结动物实验。

芯片结构

一起来看看，这些微小的芯片是如何模拟人体肺器官的。

空气通道
空气由其中的一个通道进入，然后流经芯片上的人体肺细胞层。

分析
芯片帮助实现了对人体的生化功能进行实时观察和分析。

从头到脚
从重要器官到骨髓，这些硅芯片可以模拟人体的各个结构。

真空
芯片两侧的真空通道可以让肺芯片有规律地伸缩，来模拟呼气和吸气动作。

人体反应
芯片上布满了人体细胞，可以更好地展现人体对特定药物产生的反应。

透明涂层
每个芯片都是由清晰且灵活的半透明材料制作而成，方便进行研究。

纽约市的 地铁 是如何建造的？

一起来探索100多年前完成的这项工程壮举

在这座高楼林立的城市下面，盘布着一个庞大的地铁系统。地铁轨道总长超过1 287千米，连接着除史坦顿岛以外的纽约各个地区。纽约地铁一年365天，一天24小时运作，每年输送乘客近20亿人次。

19世纪后期，由于欧洲移民大量涌入，纽约经历了一次人口爆炸，到了1900年，纽约市约有350万居住人口。人口的急剧增加给城市现有的交通系统带来了巨大压力，出行变得日益困难和危险。很快，当局便决定建造地铁，帮助人们快速高效地进出曼哈顿。

第一条地铁线始建于1900年，当时的工程师面临着地形不平、基岩坚硬、以及地下的水、污水和天然气管道等各种挑战。这个项目绝非易事，当时政府雇用了约8 000名工人来挖掘隧道，其中有数千人受伤，40多人丧生。

对于较浅的隧道，工程师倾向于从路面往下挖，这样可以轻易地避开已经埋在地下的设施。他们把地下管道重新安置在地铁上方，必要时重新修建他们的设计，然后再修复路面。

如果是较深的隧道，工程师就使用炸药开凿，这比人工挖掘有效得多。但使用炸药也造成了一些人员伤亡。为了克服地铁修建时的安装问题，工程师们想出了各种解决方案，例如让隧道从河流下方穿过。

在建造部分水下路段的地铁时，工程师们首先在地面上完成隧道结构的安装，然后将其沉入河流的疏浚区域，最后将河水抽出。

一起来看看纽约市地铁系统的构造

重要公共设施
天然气、水和蒸汽通过地下的阀门管道系统进行运输，管道设有多个地下维修点。

电缆网络
地下电缆槽里的电话线系统与警察和火警系统交织在一起，高压电缆线有着细的电缆线槽。

第二大道地铁的建设开始于2007年。

地铁
纽约市大部分地铁线路都位于地下 15.2 米以上，但也有些地铁线的位置偏深。

排水系统
污水和雨水排水都设计在斜坡上，可以利用重力引流到各个污水处理厂。

钢桩
在地铁局内部的端部打入很多钢桩，作为结构的支撑。然后，周围用混凝土封上。

被遗忘的管道
地铁下面还有很多管道，但由于获取难度太大，它们基本都已经被废弃了。

地铁系统再扩展

纽约市的地铁系统已有 100 多年的历史了。现如今，系统已无法容纳每天乘坐地铁的庞大人群，所以当地政府决定扩建，计划在纽约市增加约 34 千米的新隧道，增加东侧通道、第二大道地铁和七号线，预计耗资约 150 亿美元。

工程师通常会借助隧道掘进机（TBM）来开通新隧道。但是，由于东侧通道过长，且上方的城市压力过大，使用 TBM 会有坍塌的危险。于是设计师采用了一种不太常见的技术：借助四个较小的 TBM 分别挖掘出四条相对稳定的小隧道，之后再使用炸药，炸开隧道间的岩壁，将四条小隧道融合在一起。根据建设计划，防止塌陷，隧道顶部一旦受到加固，接下来就可以把剩下的两条隧道也合并进来了。纽约市的地铁扩建项目计划于 2022 年完成。

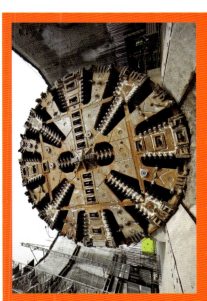

什么是 摩卡壶？

一个简单却巧妙的设计，让你在家就能喝上大师水平的咖啡

摩卡壶，也被称为炉灶咖啡壶，利用基本的物理原理煮制美味的咖啡。它由三部分组成，分别用来盛放水、咖啡渣和成品咖啡。

摩卡壶放置在炉子上加热，水温上升后就会产生蒸汽。蒸汽会增加壶底部腔室中的压力，推动着热水上升，热水经过盛放咖啡颗粒的腔室，最后注入最上面的成品咖啡间，一杯咖啡就煮好了。

传统咖啡机的壶内压力一般可以达到 9 个大气压，摩卡壶加热时壶内压力最高只有 1.5 个大气压。尽管如此，摩卡壶因其设计简单，煮制的咖啡美味香浓，深受广大家庭的喜爱。

摩卡壶是阿方索·比亚莱蒂在 20 世纪 30 年代发明的，据说是受到了当时正在洗衣服的妻子的启发。当时的老式洗衣机配有一个肥皂水桶，需要在火上烧开。肥皂水加热后会被推出管子，落在脏衣服上面。

比亚莱蒂利用相似的原理发明了一款咖啡壶，我们至今仍在沿用他最初的设计。摩卡壶自 1933 年首次发行以来，全球范围内已售出超过 3 亿台，现在仍是世界各地咖啡爱好者的必备装备。

诞生于意大利

比亚莱蒂的摩卡壶诞生于墨索里尼执政时期，当时的意大利处于军事化统治，进出口贸易受到严格控制。制铝所需的铝土矿是意大利本土矿藏，所以意大利人喜欢使用金属铝而不是其他进口金属。

毋庸置疑，摩卡壶的制作也是使用他们的"国宝金属"铝，既容易生产，价格也更便宜。1935 年，意大利入侵阿比西尼亚（现在的埃塞俄比亚），从而让他们拥有了非洲国家丰富的咖啡种植园，为这个痴迷于咖啡的国家带来了丰足的咖啡豆，摩卡壶也变得更受欢迎。

"二战"后，摩卡壶才开始在中欧和拉丁美洲国家流行起来。

摩卡壶内部设计

摩卡壶是如何利用水压煮制咖啡的

咖啡煮好了
当水全部蒸发之后，摩卡壶就会发出噼里啪啦的响声，说明咖啡已经煮好了。

咖啡要出逃
水蒸气上升会将中间的咖啡颗粒浸透，然后继续上升，进入上面的咖啡通道。

准备
把底层空间加满水，然后把咖啡颗粒放进中间层并固定好。

压力上升
咖啡颗粒在吸收了沸水后会慢慢膨胀，进一步增加了中间层的压力。

水汽上升
底层的水沸腾后，热空气会随之膨胀，压力增加，迫使水蒸气进入到中间的咖啡颗粒层。

太阳镜 是如何保护眼睛的?

夏季保护眼睛的神器

在阳光明媚的日子里，我们会本能地戴上太阳镜。这会让你变得像电影明星那样，自带神秘色彩，不过太阳镜最主要的作用是阻挡来自太阳的有害紫外线（UV）。紫外线有两种：UVA（会导致皮肤癌和早衰）和 UVB（导致晒伤）。同眼睛可感知到的光线相比，这两种紫外线的频率都更高。紫外线不仅会伤害我们的皮肤，还会伤害我们的眼睛，即使在阴影下，反射过来的光线一样会对眼睛造成威胁。

太阳镜镜片由玻璃、塑料或聚碳酸酯制成，具有特殊的紫外线吸收涂层。一副好的太阳镜可以阻挡超过 99% 的紫外线。眼镜的色调和镜面涂料通过吸收或反射光谱中可见部分的耀眼光线（肉眼可以看到的光线），帮助减轻眼睛的负担。比较高端的太阳镜还配有偏光膜，可以阻挡来自水、沙、雪等反射面的耀眼光线。

光波可以像声波一样振动，并由水平和垂直两种振动混合构成，当光波遇到水平表面时，就会反射出强烈的水平偏振，这就是我们平时说的眩光。配有偏光膜的太阳镜只允许垂直光波通过，从而消除了这种眩光。

保护视力

来看看太阳镜是如何保护眼睛不受伤害的

防反射涂层
在靠近眼睛的位置，可以减少镜片背面眩光和内部反射。

UVA射线
UVA 射线会损伤眼睛的晶状体，破坏眼球后部的视网膜，造成黄斑变性和永久失明。

UVB射线
UVB 射线可以破坏角膜的外部细胞，也就是眼睛的外部保护层，造成眼睛疼痛和视力模糊。

可见光
我们可以看到的部分电磁波谱。

选择合适的太阳镜

紫外线损伤是可以累积的，也就是说，注意保护眼睛，什么时候都不算晚。选择太阳镜和选择防晒霜一样，一定要选择可以 100% 阻挡 UVA 和 UVB 射线的。眼镜的框架越大，遮挡的脸部面积也越大，能够射入眼睛的光线就越少。

不同色调的镜片所起的作用也不同，比如琥珀色的太阳镜清晰度更高，而绿色调则能够更好地减少眩光，增加对比度。总之，如果你打算长时间待在水上、沙滩上或滑雪场，最好多花点钱配副带有偏光镜片的太阳镜。

太阳镜一定要能够 100% 阻挡 UVA 和 UVB 射线

© Thinkstock

镜片（带UV涂层）
镜片上附有有机染料和金属氧化物颜料，可以吸收和反射有害光线。

偏光膜
可以消除来自水面和路面等水平表面的偏振光带来的眩光。

防刮涂层
一种坚固耐用的聚合物薄膜，可以保护镜片表面。

镜面涂层
太阳镜的第一道防线，反光分子的超薄涂层可以让强光线偏转。

ATM机 里长啥样？

ATM机是如何在保护你信息安全的情况下拿到钱的

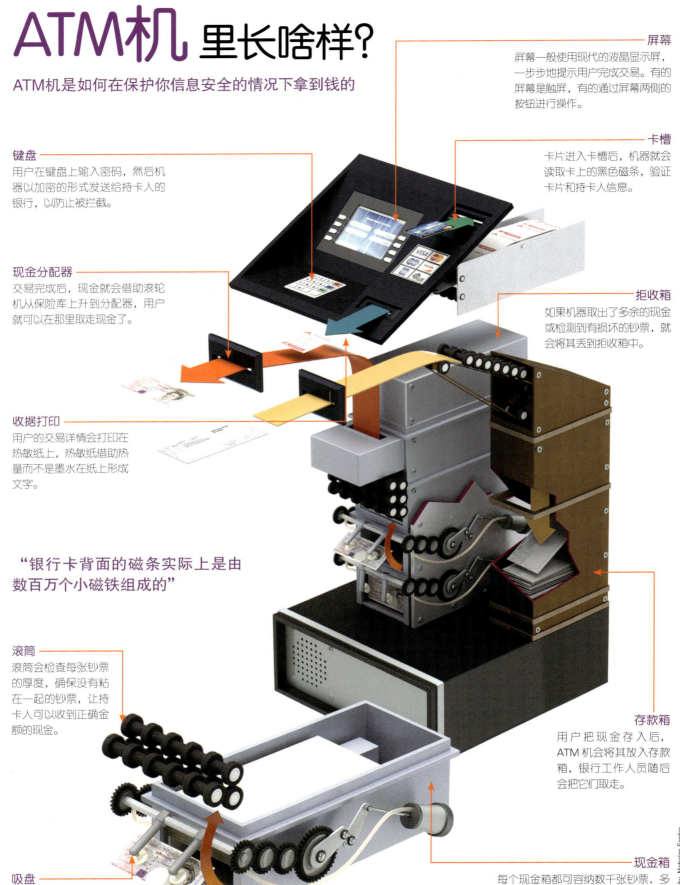

键盘
用户在键盘上输入密码，然后机器以加密的形式发送给持卡人的银行，以防止被拦截。

现金分配器
交易完成后，现金就会借助滚轮机从保险库上升到分配器，用户就可以在那里取走现金了。

收据打印
用户的交易详情会打印在热敏纸上，热敏纸借助热量而不是墨水在纸上形成文字。

"银行卡背面的磁条实际上是由数百万个小磁铁组成的"

滚筒
滚筒会检查每张钞票的厚度，确保没有粘在一起的钞票，让持卡人可以收到正确金额的现金。

吸盘
吸盘会先把钞票一张张取出来，然后再由滚筒进行处理。

屏幕
屏幕一般使用现代的液晶显示屏，一步步地提示用户完成交易。有的屏幕是触屏，有的通过屏幕两侧的按钮进行操作。

卡槽
卡片进入卡槽后，机器就会读取卡上的黑色磁条，验证卡片和持卡人信息。

拒收箱
如果机器取出了多余的现金或检测到有损坏的钞票，就会将其丢到拒收箱中。

存款箱
用户把现金存入后，ATM机会将其放入存款箱，银行工作人员随后会把它们取走。

现金箱
每个现金箱都可容纳数千张钞票，多数 ATM 机会根据所在区域的货币使用情况存入不同面值的钞票。

Illustration by Nicholas Forder

如果没有自动取款机，很难想象我们的现代生活会是什么样，但是自动存款机直到 20 世纪 70 年代才流行起来。第一台现金分配机是由约翰·谢帕德 – 巴伦发明的，安装在伦敦恩菲尔德的巴克莱银行一家分行外面。

如今，ATM 机遍布我们身边，可以一天 24 小时为我们提取现金，这比在银行排队取钱方便多了。但是要给人们提供高质量的服务，ATM 机也面临着很多挑战。除了要验证用户和用户银行卡信息的合法性，完成用户申请的交易外，还肩负着守护机器内大量现金的重任。

卡背面的磁条看起来很像是一条普通的黑线，但它实际上是由数以百万计的微小磁铁组成的，磁极有南有北，每两个磁性读取器组成类似于二进制代码的信息。第一个读卡器可以验证银行卡的真实性，第二个读卡器可以读取用户的账号和密码，并核对用户输入的密码。

密码确认后，机器就会自动把用户连接到持卡银行的网络，银行网络会向 ATM 机内的保险箱发出信号指示，机器随后根据指示完成特定的交易。如果用户由于某种原因没能把现金从机器中拿走，那么自动取款机过会就把钱再吞回去，不会让你白白损失的。

当心ATM机诈骗犯

从隐藏摄像头到卡片陷阱，犯罪分子会利用多种方法侵扰取款机运作，所以要时刻保持警惕。

如今，自动取款机经常会受到有组织的犯罪威胁，犯罪分子利用一些技术能够快速获取用户的银行卡信息。信息盗取是最常用的犯罪手法之一，犯罪分子把一个小设备安装在取款机上，用来读取和记录用户的银行卡信息。除此之外，他们还会把一个摄像头隐藏在机器上方的面板中或就近安装在某个地方，用来窥探你的密码。卡片陷阱的使用也越来越普遍，你的银行卡被吞进陷阱里后，犯罪分子随后会将其取走。为了应对这些问题，警方建议我们在使用取款机时要时刻保持警惕，注意观查周围的异常情况。输入密码时也要留意徘徊在附近的可疑陌生人。

为什么小白鼠是动物实验的宠儿？

小白鼠体型小，容易控制，而且繁殖快，所以在动物实验中很方便。小白鼠和人类都属于哺乳动物，99%的基因和人类相同。小白鼠用于动物实验已经有很久的历史，所以研究人员可以在市场上买到大量的变异品种，用于模拟人类各种疾病，刺激癌症肿瘤的生长。在道德上，在小白鼠身上进行药物实验要比在人体上直接试验更容易让人接受。但药物实验只是第一步，很多在小白鼠身上实验成功的药物用在人体上效果并不理想。

为什么我的声音和录音不一样？

录音只能捕捉到声音的一部分，也就是通过空气传达到麦克风的那部分声音。我们耳朵听到的声音也是这部分，所以对别人来说，你的录音跟你本人的声音是一样的。我们平时听到的自己的声音，既有通过空气传递过来的声音，还有通过下颌骨和头骨传播来的声音。这种混合声音的频率较低，所以我们听到的自己的声音比他人听到的要更加深沉。

照片上的镜头光晕是怎么形成的？

镜头光晕会让图像的对比度大幅降低，而且会在照片上造成色圈和散乱的多边形。尽管如此，很多摄影师都会选择在他们的照片中引入镜头光晕，以便达到艺术效果。如果明亮的光线（如太阳光）不是垂直照射到镜头表面的，就会出现镜头光晕。照射到镜头上的强光线会向内反射，最终到达传感器，并被记录为图像的一部分。

杀虫剂是怎么把昆虫杀死的？

杀虫剂种类繁多，作用也各有不同。老式的杀虫剂如有机磷和DDT，可以损伤昆虫的神经系统。但弊端在于，这种杀虫剂不仅对昆虫有效，而且还会对人类造成严重的伤害。新型杀虫剂可以只针对特定的昆虫。针对狗身上跳蚤的杀虫剂可以阻碍跳蚤生出新的外骨骼，阻止它们皮肤的脱落。而针对甲虫和蛀虫的杀虫剂中则含有模拟昆虫生长激素的化学物质，阻碍它们成年，从而无法进行繁殖。

烧水壶为什么会发出哨响?

在炉子上使用的传统烧水壶,当壶内的热水达到沸点后,就会发出尖锐的哨响声以示警示。传统的烧水壶会在壶嘴处设置一个蒸汽警笛,当壶内积聚的蒸汽试图通过汽笛逃离时,就会发出哨响声。汽笛上有两个狭窄的孔,会限制蒸汽的流出。第一个气孔在蒸汽通过时会将其束缚住,形成集中的蒸汽射流。蒸汽射流在通过汽笛向外流出时会失去稳定性,就像是软管里的喷射水柱会在到达一定距离后开始破裂,成为水滴。也就是说,蒸汽无法顺畅地通过汽笛,反而会在汽笛内四处碰撞,产生旋涡,并最终发出哨响声。

给手机通宵充电会损坏电池吗?

不会。通宵充电其实是手机的一个特殊充电模式,当电池达到最大容量时,手机内的充电电路就会断开。所以不论你给手机充电多长时间,都不会让电池超负荷。但是如果你一直把手机连接在插座上,就会慢慢损坏电池容量。这是因为,锂电池如果长时间保持在最大负荷状态,功能会慢慢退化。锂电池如果保持一整年的满电状态,电池容量会损失20%,相较于此,如果锂电池保持一年的半电量状态,只会损失4%的容量。

黑匣子飞行记录仪是由什么做成的?

驾驶舱飞行记录仪一般固定在一个钢质或钛质的橘色箱子里,便于人们寻找。箱子里配有一些非常坚固的电子设备,不过,这些设备的坚固度要求并不高,只要保证里面承载数据的磁带或内存芯片能够经受住飞机坠毁就可以了。 数据磁带或内存芯片存放在一个内部涂有阻燃涂料的钢质匣子里,匣子里面有好几层绝缘材料。记录仪上会涂有多处石蜡,用作隔热层。记录仪一旦着火,石蜡就会熔化,吸收大火的热量。

保温瓶为什么能保温?

热量可以通过三种方式传递:传导、对流或辐射。传导是指原子通过彼此碰撞来传递动能。对流的原理也是如此,只不过热流体密度较低,对流时会变成蒸汽上升并带走热量。保温瓶有双层玻璃壁,中间是真空。也就是说,保温瓶中没有可以通过传导或对流将热量传递到外部的原子。辐射也是热量传递的一种方式,但玻璃的内壁都是镀银的,这有助于将通过辐射传递的热量反射回来。

降噪耳机是如何工作的?

无论是音乐还是干扰音乐的一般背景噪声,所有的声音都是我们周围或致密或稀疏的空气。降噪耳机之所以能够消声,是因为制作耳机的材料可以阻隔不必要的噪声。被动降噪耳机中含有高密度泡沫等吸声材料,如耳罩式耳机,可以最大限度地过滤掉噪声,虽然这样耳机变得很沉重。主动降噪耳机的技术更高级一些,可以消除低频率的声波。耳机中包含一个微型麦克风,可以检测周围的噪声。耳机内部的电子设备对检测到的噪声进行测量,并创建一个与入侵声波或环境噪声相差180度的噪声消除波。噪声消除波可以消除恼人的"周围"噪声,而不会影响通过耳机到达耳朵的音频。主动降噪耳机可以将噪声进一步降低20分贝。

英国为什么要一年调整两次钟表上的时间呢?

这个提议是1907年英国的威廉·威利特提出来的,目的是不浪费夏季较长的日照时间。但是这个提议直到1916年,也就是威利特去世后的第二年才开始实施。当时英国正处于战时,较短的夜晚时间可以让政府节约燃料和照明费用。在20世纪的不同时期,英国多次使用了双夏令时,一整年都比格林尼治标准时间提前一个小时。夏季光线较好的夜晚会减少交通事故,但是如果我们不把时间倒回去,冬季的早晨就会非常昏暗。

健身追踪器是如何计算步数的?

电子健身追踪器使用的是微电子机械系统(MEMS)技术的加速度计,由捆绑在一起的三块金属板组成。中间的金属板上有一个对重装置,根据人体的突然加速运动作出反应性移动。移动的金属板会轻微地靠近外侧的一块或另一块金属板,从而导致金属板之间电容的变化,设备随后会把电容的变化转化为加速运动的记录。健身追踪器的芯片上一共有三个微型加速器,成直角分布,所以可以从三个不同的维度测量手腕的运动。因为我们在走路或跑步时会摆动双臂,所以软件算法就会将其转化为行走的步数。不过,大多数追踪器的测量精准度只有90%。

气体可以导电吗?

一般来说,气体都不是很好的导电体。好的电导体如金属,它们含有的都是自由电子,在电势下可以自由移动,产生电流。气体中没有自由电子,所以不容易导电。然而,在强电势或极热的情况下,气体可能会电离出带电离子和电子,从而形成等离子体。这种情况在发生雷击时或霓虹灯内比较常见。和气体不同,等离子体是良好的电导体。

电脑屏幕对眼睛有伤害吗?

美国针对4 500名儿童进行的一项为期20年的研究,近期得出结论称,长时间在电脑或电视屏幕前与眼睛的近视没有直接关系。但另一项研究发现,经常使用电脑可能会增加青光眼的风险,尤其是对已经近视的人来说。青光眼是一种由于液体不能正常流出虹膜,从而导致眼内压力增加,并最终损害视神经的眼疾。定期进行眼科检查能够及早发现,并通过使用眼药水来治疗。

第三章 科学

第三章 科学

人类只有
五种感官 吗?

一起来探索你不知道的那些感官系统

人类传统的五种感官吸引了我们的所有注意力，以至于让我们忽略了人体内其他几种默默无闻的感官。就拿吃饭来说，我们所熟知的五种感官都会十分鲜明地展现出来：视觉让我们看到盘子里的食物，嗅觉让我们闻到食物的味道，触觉和味觉让我们感知到食物放进嘴里的感觉和味道，听觉让我们听到咀嚼食物时发出的声音。但是如果没有另外几种感官的作用，我们吃饭的感觉就完全不一样了。

我们能坐在桌子旁，把食物送进嘴里，这本身就是一项感官壮举。眼睛不可能一直盯着手，所以身体会代替眼睛时刻关注关节位置的变化和肌肉的紧张程度。身体控制平衡时，内耳也会默默地收集各种感觉信息。

食物一旦被放进嘴里，身体内就有一系列感官开始运作，为我们提供食物的温度信息，食物如果过热或过冷，另一组痛觉神经就会立即发出警示。与此同时，身体还会对中枢神经系统周围的血液和液体进行检测，确保二氧化碳和氧气水平保持在正常范围内，并在潜意识里调整呼吸频率。

当胃开始充盈，伸缩传感器就会给大脑发送反馈，大脑随后就会发出停止进食的信号。当部分被消化的食物开始撞击小肠时，传感器会触发产生一种激素，告诉你已经吃饱了。在进食后的很长一段时间，身体会一直对体内堆积的食物垃圾进行严密监控，体内的食物垃圾一旦需要清理，传感器就会发出警告。

虽然我们主要依赖于传统的五种感官来与周围世界进行有意识的互动，但还有更多其他感官也在默默工作着，帮我们维持日常活动。

保持平衡

内耳中有专门的构造用以检测头部的运动。

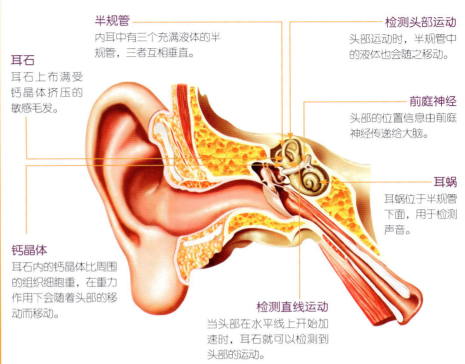

半规管
内耳中有三个充满液体的半规管，三者互相垂直。

检测头部运动
头部运动时，半规管中的液体也会随之移动。

耳石
耳石上布满受钙晶体挤压的敏感毛发。

前庭神经
头部的位置信息由前庭神经传递给大脑。

耳蜗
耳蜗位于半规管下面，用于检测声音。

钙晶体
耳石内的钙晶体比周围的组织细胞重，在重力作用下会随着头部的移动而移动。

检测直线运动
当头部在水平线上开始加速时，耳石就可以检测到头部的运动。

平衡感

我们的平衡感由位于内耳的前庭系统控制，提供关于头部位置和速度变化的重要反馈。内耳中有三个半规管，且充满液体。每个半规管的一端都有一个凸起，上面布满了敏感的绒毛。当你转动头部时，液体也会跟着移动，随之弯曲的细小绒毛就会将头部转动的信息发送给大脑。头部两侧还有两个名为耳石的器官，耳石上布满受钙晶体挤压的敏感绒毛，帮助我们判断方向。

"身体时刻关注着关节位置的变化和肌肉的紧张程度"

跟踪记录

肌肉里的纤维可以检测肌肉的伸展和运动。

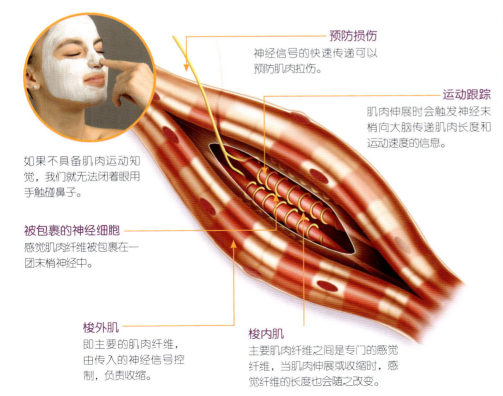

预防损伤
神经信号的快速传递可以预防肌肉拉伤。

运动跟踪
肌肉伸展时会触发神经末梢向大脑传递肌肉长度和运动速度的信息。

如果不具备肌肉运动知觉，我们就无法闭着眼用手触碰鼻子。

被包裹的神经细胞
感觉肌肉纤维被包裹在一团末梢神经中。

梭外肌
即主要的肌肉纤维，由传入的神经信号控制，负责收缩。

梭内肌
主要肌肉纤维之间是专门的感觉纤维，当肌肉伸展或收缩时，感觉纤维的长度也会随之改变。

肌肉运动知觉

如果没有肌肉运动知觉，就连一个最简单的动作对我们来说都是一大挑战。肌肉运动知觉可以跟踪我们身体的位置，无须眼睛去观察。它可以让我们在静止站立的时候进行小幅度调整，而不至于摔倒，还可以在我们走路的时候判断步伐间的距离，并协调身体完成复杂的动作，如骑自行车或弹钢琴。我们在关节、肌肉和皮肤中发现了负责肌肉运动知觉的神经末梢，它们可以向大脑传达每个关节的角度和位置、肌腱和肌肉的紧张程度等信息。

疼痛（伤害感受）

伤害感受可以区分无害触碰与潜在伤害触碰，以保护身体不受伤害。

我们的皮肤和器官中含有被称为痛觉受体的神经末梢，与其他的感觉神经不同，这些神经不受低水平的刺激，只在温度过高、压力过大或物质毒性过强等会对身体造成伤害的情况下，才会被激活。痛觉受体被激活后会快速触发屈肌反射，促使我们远离有害刺激。时间长了，我们就会本能地去躲避那些会带来不快感受的事物。躲避伤害刺激和感知疼痛的能力有所不同，我们所熟悉的疼痛感是经过大脑一系列处理后产生的感觉。

化学因素
有些痛觉受体是针对那些会给人体组织带来伤害的化学因素的，比如酸，或者缺氧。

痛觉受体
痛觉受体只有在人体组织伤害迫在眉睫的时候才会被激活，向身体发出潜在危险信号。

进入脊髓
信号会迅速经过众多神经细胞传送到脊髓。

疼痛
疼痛感不是神经发出的简单信号，它还包含情感、记忆和其他更高层次的记忆处理。

热
某些神经是专门感知热度的，在温度达到40～45℃的时候就会被激活。

冷
有些神经专门感知冷度，在温度低于−5℃时就会被激活。

压力
有些神经只对压力产生反应，如果身体的某部分受到伤害性挤压，这些神经就会被激活。

传向大脑
痛觉受体发出的信号只要到达脊髓就会引起快速的屈肌反射，但是疼痛感需要在信号到达大脑后才会产生。

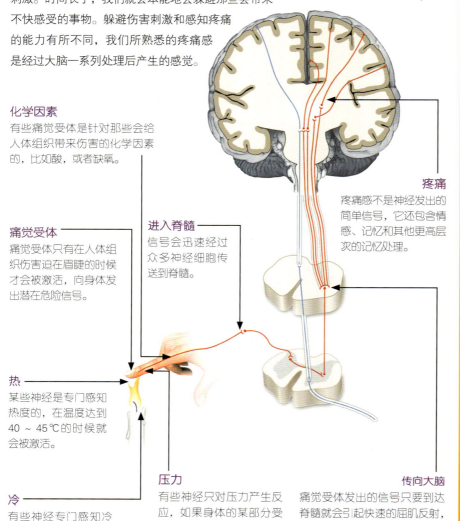

阻断痛感
你有没有在手指被门夹到后把它放进嘴里，或者在脚趾被踩到时用手握住脚来减缓疼痛。这是因为来自其他感官的信号输入可以将疼痛信号关闭，阻止信号向大脑传递。

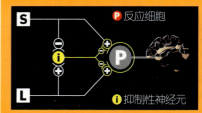

痛感传递
痛感神经首先会将信号传递到脊髓，之后再向大脑传递，但是要到达大脑，它们需要经过一道生物门。

抑制疼痛
触敏神经传递信号要经过的区域与疼痛信号要经过的区域相同，但由于触敏神经的细胞更大，传递速度更快，所以能够超越疼痛信号，迫使传递痛感的生物门关闭。

疼痛信号
一旦没有了较大神经纤维的输入，传递痛感的生物门就会再次打开。疼痛信号会借助较小的神经纤维通过脊髓，然后传递到大脑。

时觉（时间感受）

生物钟让我们具有了时间观念

即便没有手表，我们也能察觉到时间的流逝，不过我们体内的时钟和一般的时钟不太一样。大脑中的视交叉上核就是我们身体的主时钟，它控制着我们一天的作息或昼夜节律。我们的生物钟通过控制体内的激素水平，来影响我们一天24小时从吃饭到睡觉的各种行为。对于耗时较短的任务，科学家们认为，我们大脑内可能还包含多个内部秒表，帮助共同管控时间。但是到目前为止，我们还没有发现是哪部分大脑在管控着我们身体的作息时间。

我们的时间感觉并不稳定，会受心情和环境的影响。

温觉

人体内的恒温器可以让我们的体温维持在 37℃

我们的身体能够感知冷热，这不仅可以确保我们体内的器官在适当的温度下正常运作，还可以保护我们免遭极端伤害。我们借助皮肤中一系列的神经来检测四肢的温度，而我们的核心体温则是由大脑中的下丘脑进行监测的。

作为温血动物，我们通过燃烧糖分释放能量，并产生大量的热量。这有助于保持身体的温暖，但为了维持恒温，身体还需要根据外界环境的变化和我们自身的活动量不断进行调整。为了快速改变体温，大脑会命令身体颤抖或出汗。另外，大脑还可以通过调节甲状腺激素的分泌，改变我们燃烧糖分和产生热量的速度，从而维持体温的长期稳定。

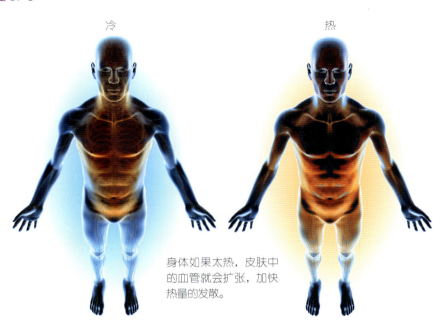

冷

热

身体如果太热，皮肤中的血管就会扩张，加快热量的发散。

瘙痒

这种感觉和疼痛感很相似

身体借助瘙痒感来警示我们注意寄生虫和其他刺激物。瘙痒感会激发抓挠反应，科学家认为这是为了将我们的注意力吸引到出现刺激物的部位，引导我们清除刺激物。

我们对瘙痒出现的具体原因还不是很了解，但科学家研究最多的是一种被称为组胺的分子，被认为是引起瘙痒的元凶之一。昆虫和蠕虫等寄生虫会产生一种名为蛋白酶的化学物质，这些化学物质能够损坏人类的皮肤保护层。在蛋白酶的刺激下，皮肤会触发白细胞释放组胺分子，从而激活身体里的瘙痒敏感神经细胞。

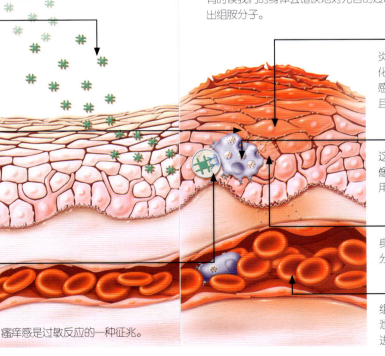

过敏原
免疫系统有时将花粉和其他过敏原如猫的唾液当作寄生虫，对它们产生反应。

瘙痒敏感神经
皮肤中有小部分神经细胞会对组胺分子产生反应，从而触发瘙痒感。

过敏检测
我们的免疫系统有时会错误地产生抗体来攻击无害的过敏原，肥大细胞随后就使用这些抗体在大量过敏原出现时进行检测。

过敏性瘙痒
有时候我们的身体会错误地对无害的过敏原产生反应，并释放出组胺分子。

超敏感
炎症反应过程中释放出的其他化学物质会让神经末梢更加敏感，使神经末梢更容易被激活，且会放大瘙痒的感觉。

肥大细胞
这些有专门用途的免疫细胞就像是皮肤的哨兵塔，它们的作用就是对寄生虫快速产生反应。

组胺
身体如果出现过敏反应，组胺分子就会产生瘙痒感。

血管泄漏
组胺还会引起所在区域的血管泄漏，从而允许更多的白细胞进入。

瘙痒感是过敏反应的一种征兆。

神经递质 有什么作用?

我们的情绪和情感真的只是大脑的化学反应吗?

信息借助神经递质从一个神经细胞传递到下一个神经细胞。每个神经递质的作用都略有不同,通过改变神经递质的水平,我们发现不同组合的神经递质影响着人类的多种情绪。

乙酰胆碱可以激发它所触碰到的神经细胞,引发更多的脑电活动。它影响着人类的清醒意识、注意力、学习和记忆。在阿尔茨海默病引起的痴呆症患者的大脑中,乙酰胆碱低于正常水平。

多巴胺也是一种可以刺激神经细胞的化学物质,在控制人体运动和姿势方面起着至关重要的作用,帕金森病人的肌肉僵硬就是由于多巴胺水平过低引起的。多巴胺还是大脑反馈回路的重要组成部分,另外,某些成瘾行为之所以能够让我们感觉良好,也和多巴胺有关。

去甲肾上腺素在结构上与肾上腺素相似,与身体的逃避反应有关。在大脑中,它能够让我们保持警觉和注意力集中。相反,GABA(伽马氨基丁酸)则会减少神经的活动,另外,它可能还具有减少恐惧或焦虑感的作用。

血清素又被称为"快乐激素",可以传递体温、睡眠、情绪和疼痛有关的信号。抑郁症患者的血清素水平一般都低于正常水平,尽管使用抗抑郁药物可以提高血清素水平,但效果并不稳定。

大脑中还有很多其他的神经递质、激素等化学物质也可以影响神经细胞的行为。正是因为这些物质的相互作用,人类才拥有了丰富的情感。

精神分裂　焦虑　幸福

抑郁　爱恋　逃避

■ 多巴胺　■ 血清素　■ 催产素

■ 去甲肾上腺素　■ 肾上腺素

神经递质水平的变化影响着我们的精神状态。

突触

神经递质把信息从一个神经细胞传递到另一个神经细胞

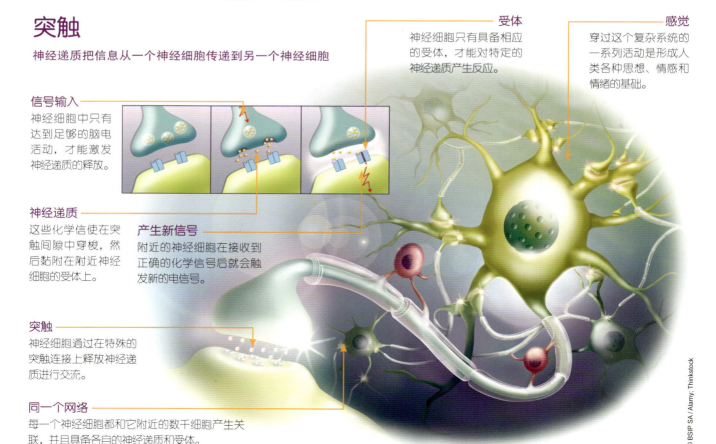

受体
神经细胞只有具备相应的受体,才能对特定的神经递质产生反应。

感觉
穿过这个复杂系统的一系列活动是形成人类各种思想、情感和情绪的基础。

信号输入
神经细胞中只有达到足够的脑电活动,才能激发神经递质的释放。

神经递质
这些化学信使在突触间隙中穿梭,然后黏附在附近神经细胞的受体上。

产生新信号
附近的神经细胞在接收到正确的化学信号后就会触发新的电信号。

突触
神经细胞通过在特殊的突触连接上释放神经递质进行交流。

同一个网络
每一个神经细胞都和它附近的数千细胞产生关联,并且具备各自的神经递质和受体。

神奇的 跳跳糖

一起来探索这甜滋滋的美妙感觉背后的科学

跳跳糖会在你的舌头上爆炸，这美妙的感觉不禁让很多甜食爱好者又爱又恨。跳跳糖之所以会发出噼里啪啦的跳跃声，是因为它特殊的制作方法。

事实上，跳跳糖的制作方法与传统的硬糖类似。把糖、玉米糖浆、水和调味剂混合在一起加热，然后把水分熬去。之后，如果将煮好的糖浆溶液冷却下来，做出来的就是传统的硬糖。要想制作跳跳糖，就需要在这个阶段把糖浆暴露在约40倍大气压的高压二氧化碳气体中。在这个过程中，糖浆溶液中就会形成小气泡，从而让糖浆具有可以爆炸的潜力。之后再让糖浆冷却，这时糖块因所受压力减小而碎成小块，但每个小块都包含着微小的高压气泡。一旦你把糖果放在舌尖上，糖果就会融化，随之释放出被困的气体，于是就带来了糖果在口中爆炸弹跳并伴随着咝咝声的神奇体验。

跳跳糖在口中融化时会释放出里面的高压二氧化碳气体，于是就带来了糖果在口中弹跳的体验。

什么是 潜水反射？

潜水反射是如何帮助我们在水下游泳的

潜水反射是一种生理反应，能够让包括人类在内的所有哺乳动物在只吸一口气的情况就可以较长时间地待在水下。潜水反射一旦被触发，就会减缓并关闭身体的部分机能，以节约能量，维持生命机能。

潜水反射可分为几个阶段。当你屏住呼吸或浸泡在冷水中之后，身体的第一反应就是减慢心率，这就是所谓的心动过缓。这样可以保证更多的氧气供给到器官，因为在水下时血液所需的氧气会减少。

之后，身体的循环系统开始收缩毛细血管，重新调配流向四肢的血液，把更多的血液分配到心脏和大脑等重要器官。在这个阶段，由于缺氧，手臂和腿部等个别身体部位可能会出现抽筋。最后一个阶段是血液转移，一般只有当我们在深水中进行自由潜水时才会发生。血液转移会让肺部充满血浆，防止它们在高水压下爆裂。

© Thinkstock

屏住呼气会引发潜水反射，帮助节约体内氧气。

头发 是怎样移植的?

一起来了解这项外科技术是如何战胜秃顶的

男性秃顶是很常见的现象,秃顶会让有些人形象受损,甚至还会对自己失去信心。多数人都选择了妥协,但还有些人一直在与秃顶进行抗争。随着技术的进步,我们现在已经可以通过头发移植来恢复正常的头发密度了。

就像其他整容手术一样,在进行头发移植之前我们也需要对患者进行仔细的检查。虽然头发移植可以帮助患者恢复自信,但手术依然不能解决他们生活中那些无法通过改变样貌来解决的各种问题。

头发移植早在 19 世纪就已经开始了,但是直到最近 20 年,随着现代技术的成熟,头发移植才终于取得了比较稳定的效果。这些技术现在已经成熟到可以控制毛囊的方向,让新长出的头发看起来非常自然。当然,手术也有一定的风险。首先手术过程很痛苦,而且跟其他手术一样,有术后伤口感染的危险。此外,手术也无法确保秃顶不会反复。不过,总体来说,头发移植都很成功,也能帮助患者重拾自信。

如何进行头发移植

最常用的头发移植技术要经过哪些步骤

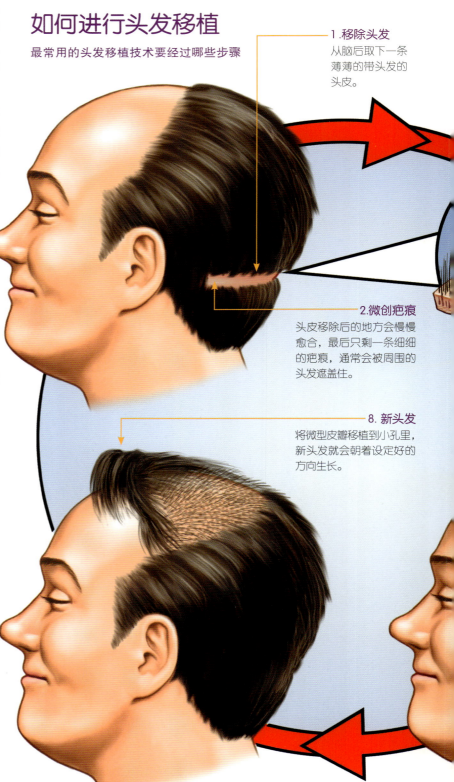

1.移除头发
从脑后取下一条薄薄的带头发的头皮。

2.微创疤痕
头皮移除后的地方会慢慢愈合,最后只剩一条细细的疤痕,通常会被周围的头发遮盖住。

8. 新头发
将微型皮瓣移植到小孔里,新头发就会朝着设定好的方向生长。

两种不同的头发移植技术

两种最常见的技术分别是整条头发移除和毛囊单体提取(FUE)。整条头发移除需要从脑后剥取一整条皮肤和头发,虽然这项技术很成熟,操作也迅速,但是手术时需要进行全身麻醉,而且术后会留下一个小疤痕。

FUE 只需要进行局部麻醉,但是手术时间较长,有时候甚至需要分 2 ~ 3 次完成。手术会使用专门设备将单体毛囊剥离出来,然后植入到头皮的前部。这项技术不会留下疤痕,无需全身麻醉,而且非常精确。

4. 切割发条
将取下的发条仔细地切割成 2 ~ 4 个毛囊。

5. 清理
之后把微型皮瓣下的脂肪和多余的组织清理掉。

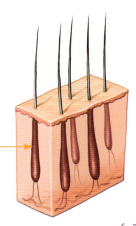
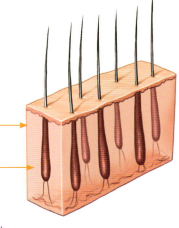

6. 大小
微型皮瓣的大小要根据需要进行头发移植的区域来确定。

3. 发条
取下来的发条上含有头发、毛囊和皮肤组织，根据大小的不同，含有 1 000 ~ 4 000 个毛囊。

7. 供给区域
在需要接受头发移植的区域打出小孔，大小只要足够接纳微型皮瓣即可。

为什么会掉头发？

最常见的秃发类型是男性秃顶，50 岁以上的男性有 50% 都秃顶。一般来说，随着头顶上头发变薄，太阳穴两旁的头发就会变得稀薄。这个过程大概需要 10 年的时间，头发才会完全退掉，只在头部两侧和后面留下一小圈头发。

男性荷尔蒙二氢睾酮（DHT）信号传导的变化是导致秃顶的主要原因。头部的毛发易受 DHT 的影响，而 DHT 则会导致头发变薄，然后脱发。至于为什么胸部的毛发或胡须不受此影响，我们现在还不得而知。这种与年龄有关的秃头也会影响女性，但是并不普遍。

脱发也有多种类型，比如头皮上的斑驳脱落（留下毛簇），体毛脱落（头部、胸部、手臂和腿部），以及全身毛发脱落（包括眉毛和睫毛在内的所有毛发）。

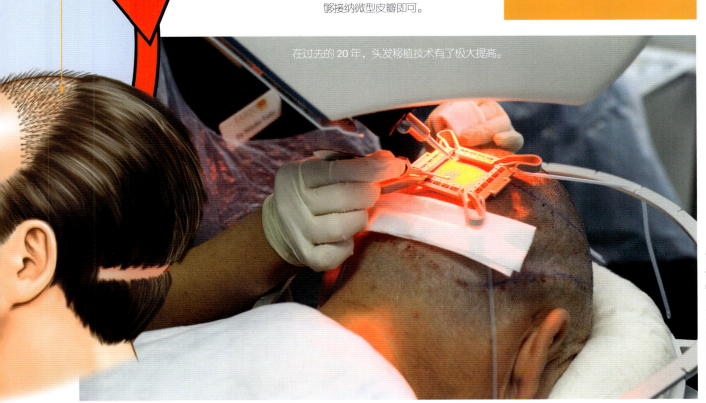

在过去的 20 年，头发移植技术有了极大提高。

防晒霜 的原理是什么?

防晒霜是如何保护我们的皮肤不受紫外线伤害的

人类早已知道太阳光线的危害。古希腊人会在身上涂上厚厚的橄榄油，而古埃及人则使用大米和茉莉花的提取物进行防晒，时至今日，我们仍在护肤品中添加大米和茉莉花提取物。

无论是喷雾剂、乳液、凝胶，还是蜡，现代防晒霜都会添加可以阻挡或吸收太阳紫外线（UV）的成分。氧化锌等矿物质可以直接反射紫外线，而阿伏苯宗等有机化学物质则可以将紫外线辐射吸收到化学键中，然后以热量的方式将其逐渐释放出来。防晒因子（SPF）代表的是防晒霜能够阻挡太阳 UVB 射线的指数，UVB 是灼伤皮肤的罪魁祸首。SPF 15 的防晒霜可以保护你的皮肤不被灼伤，保护时间是不涂防晒霜时的 15 倍，不过只能阻挡 93% 的 UVB 射线。

不过，涂防晒霜是件麻烦事，这也许很快就会成为过去了。我们正在研发一种可以提供全面紫外线防护的药丸，这种药丸的关键成分来自生活在珊瑚中的某种藻类的化合物。科学家希望在未来几年内就可以在市场上销售。

紫外线辐射
太阳会产生 3 种类型的辐射，不过 UVC（短波紫外线）被地球的臭氧层过滤掉了，所以并不会对我们的皮肤产生伤害。

UVB 射线
UVB 射线（紫外线）占太阳辐射的五分之一，也是造成我们皮肤灼伤的罪魁祸首。

UVA 射线
太阳在白天产生的 UVA 射线量是恒定的，大量的 UVA 辐射就会造成皮肤老化，使皮肤产生皱纹。

为皮肤提供保护
防晒霜可以阻挡高达 97% 的太阳光线，通过反射或吸收它们，防止太阳光线伤害我们的皮肤。

表皮
表皮吸收 UVB 射线后会损坏表皮下层，最终导致表皮上层的损失。

真皮
真皮层吸收 UVA 射线，通过刺激血管使其扩张，造成典型的皮肤发红症状。

猫薄荷 为什么会让猫变疯狂?

猫薄荷可以刺激猫的感觉神经元

我们在猫薄荷（一年生草本植物）中发现一种叫做荆芥内酯的油。研究人员认为，当这种油进入猫的鼻腔组织时，会与蛋白质受体结合，从而刺激猫的感觉神经元。这会进一步导致大脑嗅球区域的神经元反应，而嗅球还会向大脑其他区域投射，这些区域不仅负责协调身体对刺激的情绪反应（从而导致行为反应），而且会让猫对"人造猫信息素"作出反应。猫薄荷并不是对所有猫都有影响，但是受它影响的猫都会变得异常兴奋，来回转圈，不停翻转，10 分钟后才能安静下来。

板球运动 中都有哪些物理原理?

利用好这些物理原理可以取得意想不到的效果

板球运动是一项独一无二的体育运动。被投出后，板球周边就会形成一层被称为"边界层"的空气层，物理学原理就从这里开始发挥作用。投球手通过倾斜板球上的缝合线方向，来改变板球承载的压力，以及球被投出去的方向。投球手投球的速度和球弹跳的位置也会产生不一样空气动力。这种投球被称为"卡特球"，板球爱好者和业内习惯称其为缝线投球。旋转球也是投球手另一项必杀技，他们利用手腕或手指上的力量让球发生强烈的旋转。不过在干燥多尘的球场上，慢速旋转球可以更好地跳过球场。

侧向力主要在侧飞球中发挥作用，当球的一侧比另一侧粗糙时，这一半的运动就会不那么流畅。投球手会经常利用这一点来投出侧飞球，从而迷惑对方击球手，让他们无法准确击球。通过刻意摩擦板球的一侧，可以让侧飞球达到更好的效果。不过在赛场上如果使用球布以外的东西擦球，是有损体育精神的。

板球中的物理学

从球被投出的那一刻起，就有很强的力作用在板球上

握姿
投球手握球的姿势可以决定旋转球、侧飞球和缝线球的运动方向。

站姿
投球时理想的站姿是身体直立，尽可能减轻背部的压力。

神奇的逆向侧飞球

逆向侧飞球的旋转方向与传统的侧飞球方向相反，这种投球方法很少见，连最有经验的击球手也难以应付。逆向侧飞球是由板球运动员瓦西姆·阿克拉姆和伊姆兰·卡恩等人推广起来的，这种球一旦打出，对方球员几乎就无法接到。球速只要超过 135 千米 / 小时，就可以轻易打出逆向侧飞球板球，而且板球越粗糙破旧，反转效果越好。粗糙的球面受到边界层的空气动力作用更快，投球手可以通过向内旋转板球，投出向外旋转的侧飞球，反之亦然。由于投球手投球时的握姿没有发生改变，所以对方击球手无法预料到板球的运动方向。据说阴天或潮湿的天气可以让投球手更好地打出侧飞球，不过这也只是猜测。但不管怎样，如果投球手掌握了逆向侧飞球的方法，那么比赛就赢得一半了。

詹姆斯·安德森是英国有名的侧飞球投球手，可以让板球以很高的速度逆向旋转。

空中运动
当板球在空中时，缝线处和光滑或粗糙的球面就会产生气穴，让板球的运动变得不可预测。

粗糙球面
粗糙的球面一侧，气流运动更加激烈。

边界层
板球在空中运动时，周围就会被一层薄薄的空气所包裹，力的作用就从此时开始了。

缝线位置
板球上缝线的位置对于板球触地后反弹的方向有着重要影响。

球速和反弹
有些投球手可以投出慢速的侧飞球，不过多数侧飞球的球速都需要达到 135 千米 / 小时，甚至更快。

逆转球和慢速球
这是投球手常用的投球手法，慢速球可以迷惑对方的击球手。

光滑面
在一般的侧飞球中，光滑的球面可以让周围的空气流动更加顺畅。

什么是 **唾液** ？

唾液是如何帮助维持人体健康的

　　人类每天可以产生两升的唾液，太不可思议了。唾液 99.5％ 的成分都是水，那么它是如何在我们口腔中担任那么多重要角色的？答案就在于另外 0.5％ 的唾液成分，这其中含有大量的酶、蛋白质、矿物质和细菌化合物。这些成分可以帮助消化食物，保持口腔卫生。

　　食物进入口腔后，唾液中的酶就立即开始工作，将其分解成更简单的成分，同时起到润滑作用，让干燥的食物轻松通过喉咙。唾液对口腔健康也起到很重要的作用，它可以保护牙齿不腐烂，并控制口腔中的细菌水平，降低感染的风险。如果没有足够的唾液，舌头和嘴唇的动作也不会那么顺畅，严重的时候让我们连话都说不出来。

　　利用先进的科学技术和研究，我们可以从个体的口水中获取大量信息。新的研究表明，我们可以通过对唾液进行测试，来确定一个人是否有突发心脏病的危险。这是因为唾液中含有 C－ 反应蛋白（CRP），而心脏病突发的一个先兆就是血液中 CRP 水平的升高。唾液测试虽然不如血液测试精准，但也能反映出患者心脏的大体健康情况。更重要的是，唾液中含有整个基因蓝图。即使只有半个泪珠那么大，也能提供一个可操作的 DNA 样品，而且经历多次冷冻和解冻也不会分解。

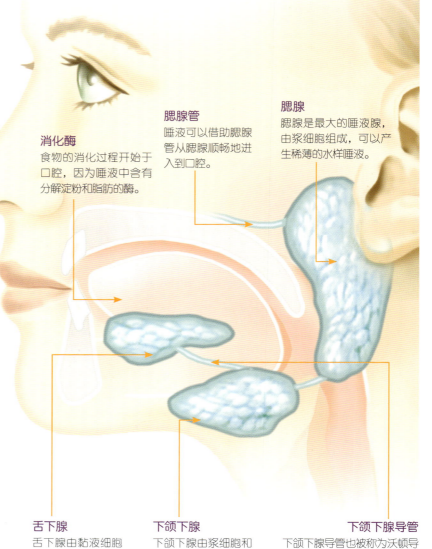

消化酶
食物的消化过程开始于口腔，因为唾液中含有分解淀粉和脂肪的酶。

腮腺管
唾液可以借助腮腺管从腮腺顺畅地进入到口腔。

腮腺
腮腺是最大的唾液腺，由浆细胞组成，可以产生稀薄的水样唾液。

舌下腺
舌下腺由黏液细胞组成，只分泌 5％ 的唾液。

下颌下腺
下颌下腺由浆细胞和黏液细胞组成，分泌 70％ 的唾液。

下颌下腺导管
下颌下腺导管也被称为沃顿导管，帮助从下颌下腺和舌下腺中排出唾液。

唾液可以帮助治愈伤口。

唾液可以帮助伤口愈合吗？

　　很多动物会本能地舔舐伤口，而事实证明，人类舔舐伤口也是有好处的。研究发现，人类唾液中含有一种名为组氨素的化合物，它可以加速伤口的愈合。科学家从志愿者身上提取了部分内颊上皮细胞，并在细胞中制造了伤口，随后对伤口的愈合过程进行监测。科学家将伤口细胞分成两组，一组用唾液对其进行处理，另一组不做任何处理。16 小时后，科学家惊奇地发现，被唾液处理过的伤口几乎完全愈合，而未经处理的伤口却几乎没什么变化。这项研究证明了一个久未被证实的事实：唾液有助于伤口的愈合，至少对口腔伤口的愈合是有帮助的。

"短信脖" 综合征

长时间看手机不利于脊椎健康

不管你是想要在游戏里升级还是给朋友编辑发送有趣的表情，长时间盯着智能手机看都会对你的脖子造成严重伤害。因为我们喜欢把手机放在胸部或腰部的高度，所以看屏幕的时候就必须低头才能看到。如果你只是偶尔查看短信或天气状况，这就不会产生太大影响，但是智能手机用户几乎每天都花费 2 ~ 4 小时的时间在手机上，这就相当于每年有 1 ~ 2 个月的时间都在看手机，如此一来，后果就相当严重了。人类头部的平均重量约为 5.4 千克，但是当头部向下倾斜时，施加在脊柱上的重量就会增加。这就会进一步增加脖子的压力，造成颈部肌肉收缩，压迫神经，从而引发剧烈的疼痛和痉挛。

脖颈疼痛

我们倾斜头部时施加在颈椎上的重量是怎样增加的

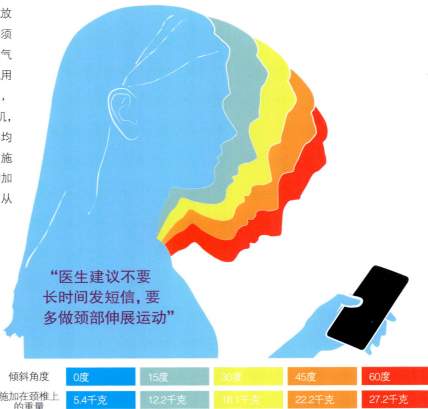

"医生建议不要长时间发短信，要多做颈部伸展运动"

倾斜角度	0度	15度	30度	45度	60度
施加在颈椎上的重量	5.4千克	12.2千克	18.1千克	22.2千克	27.2千克

低头看文字会给你的脖子带来很大压力。

胶带 是怎么工作的？

来看看胶带为什么可以用来包装礼品

胶带上的黏合剂是一种黏弹性材料，也就是说，它具有固体和液体两种特性。当我们在胶带上施压时，黏合剂会像液体一样流动，在物体表面寻找一切可以黏附的微小缝隙。而停止对它施压后，它就会变成固体的状态，牢牢把自己固定在物体表面的缝隙中。然而在对胶带加压力之前，还有另外一种力量在作用。黏合剂的分子是偶极子，也就是说它的两侧分别带有正电荷和负电荷。偶极子的作用就像磁铁一样，一旦接触到物体表面就会产生静电吸引力。这些弱黏结力被称为范德华力，壁虎能够把身体粘在墙上，使用的也是这种力。我们把胶带撕下来的时候，这种黏结力就会被破坏，但是胶带本身的黏性不会消失，可以不断重复利用，直到黏合剂表面被灰尘和污垢完全堵塞。

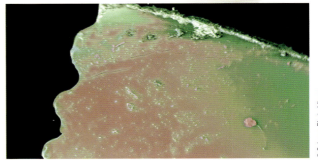

胶带上黏合剂的电子显微图像。

什么是 **脂肪团** ?

来看看为什么98%的脂肪团都出现在女性身上

虽然脂肪团一直都存在，但这个词直到 20 世纪 60 年代才出现。科学家也称其为脂肪代谢障碍。科学家对脂肪团进行了众多研究，希望找出导致皮肤上出现这些难看的隆起的原因。

我们现在知道的脂肪团有两种。原发性脂肪团是自然形成的，自然增大的脂肪细胞被推向皮肤外表层，从而造成了皮肤表面"不均匀的凹陷"。第二种脂肪团的形成是受皮肤感染或体重快速减少的影响。由于皮肤收缩缓慢，所以体重如果快速减少就会导致皮肤松弛。

男性和女性一样，同样也会经历这些，但是为什么脂肪团在女性中更加普遍呢？为了找到答案，科学家需要对两性之间脂肪组织和皮肤结构的形成进行仔细研究。研究发现，男性的脂肪组织是紧缩在一团的，所以能够均匀地向外生长，而女性的脂肪组织是并排结构，也就是说一旦脂肪含量增加，它就会向上推出，挤压皮肤，并最终形成脂肪团。

性别之间荷尔蒙的差异也是导致这一现象的原因之一。青春期后，雌性激素会促使女性身体储存多余的脂肪，为备孕做准备。雌激素水平的不同也是男女之间以及女性之间脂肪团含量不同的原因，男性体内几乎不含雌性激素，而女性之间雌性激素的含量也有所不同。

脂肪团的治疗

为了帮助男性和女性摆脱脂肪团，有几种治疗方法可供选择。激光治疗法可以取得很好的治疗效果。激光治疗需要进行一个小手术，首先要在患者皮肤下安装一个套管（精细的金属管），然后将激光导入到套管的末端。导入的激光可以分裂将脂肪细胞聚集在一起的纤维束，从而减少橘皮组织，让皮肤变得光滑。激光还可以刺激胶原蛋白的产生，让皮肤更加紧致。

与其他脂肪团治疗方法不同，激光治疗有望成为解决脂肪团的一个永久性解决方案。超声疗法虽然声称可以将脂肪甚至是脂肪团融化，但效果却并不理想，只能维持几个月的时间。而局部咖啡因治疗法虽然致力于通过加速新陈代谢来降低脂肪水平，但人们对这种方法的治疗效果也是褒贬不一。

激光治疗法已经取得了很好的治疗效果。

皮肤结构

来看看男性和女性脂肪细胞的不同

交叉状胶原
男性皮肤中的胶原蛋白借助交叉结构把脂肪细胞聚集在一起。

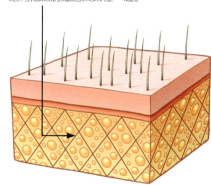

带状胶原结构
女性皮肤中的胶原蛋白会在脂肪细胞周围形成圆形的带状结构。

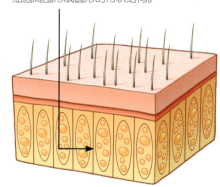

无可见脂肪团

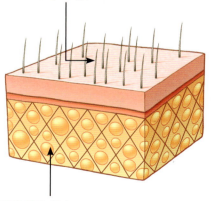

男性细胞增大
受其特殊结构的影响，男性体重增加时，脂肪细胞的胶原蛋白室能够均匀伸展，不会给皮肤表面带来异常变化。

不规则皮肤表面

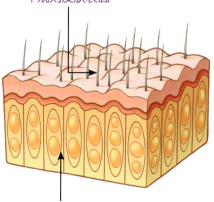

女性细胞增大
而女性体重增加时，脂肪细胞会将胶原蛋白室推向皮肤表面，从而造成脂肪团的形成。

干咳是什么引起的?

来看看干咳是什么引起的, 它又是如何帮助我们清理呼吸道的

咳嗽是一种自动防御反射, 用来帮助我们保持呼吸道和肺部清洁。咳嗽有两种, 一种是湿嗽, 能够产生黏液或痰, 一种是干咳, 无伴随物产生。

导致干咳的原因有很多, 最常见的原因由感冒或流感等导致的咽喉和上呼吸道感染发炎, 空气中的刺激物 (如灰尘、花粉或宠物毛发) 或污染物也会引起干咳。我们的身体会将炎症误认为是入侵的异物, 部分阻塞了呼吸道, 因此引发咳嗽反射, 试图将其清理出去。

气管内的声带敞开后, 让更多的空气进入肺部。随着腹部和肋骨肌肉的收缩, 喉咙顶部的会厌会把气管闭合, 从而增加会厌后面的压力, 让肺部以每小时 160 千米的速度将空气排出体外。

剖析咳嗽
咳嗽的物理过程

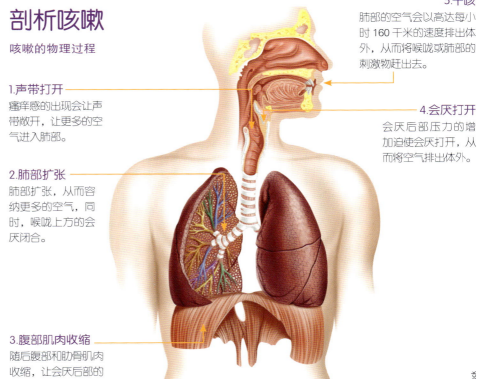

1.声带打开
瘙痒感的出现会让声带敞开, 让更多的空气进入肺部。

2.肺部扩张
肺部扩张, 从而容纳更多的空气, 同时, 喉咙上方的会厌闭合。

3.腹部肌肉收缩
随后腹部和肋骨肌肉收缩, 让会厌后部的压力增加。

5.干咳
肺部的空气会以高达每小时 160 千米的速度排出体外, 从而将喉咙或肺部的刺激物赶出去。

4.会厌打开
会厌后部压力的增加迫使会厌打开, 从而将空气排出体外。

© Thinkstock

激光脱毛的原理是什么?

激光脱毛真的可以永久性去除毛发吗?

激光脱毛术的原理是在需要去除的毛发上发射特定波长的光束, 以去除头发中的黑色素以及借助活细胞分裂促生毛发的毛球。激光利用毛发吸收热量, 并在毛囊周围形成灼伤和炎症, 从而将毛囊杀死。由于激光脱毛针对的不是单独的毛发, 所以过程要比电解快得多。但是如果操作不当, 激光脱毛会给皮肤带来一定的伤害。如果你的肤色较白而发色较深, 那么激光脱毛就会取得很好的治疗效果。但是如果你的肤色和发色差别不是很明显, 那么激光脱毛的效果就不会很好, 因为在这种情况下, 毛发吸收的激光很有限。不管效果如何, 激光脱毛都不是永久性的, 患者一年需要接受 2 ~ 4 次治疗。因为不管在什么时候接受治疗, 我们皮肤上都有处于生长间歇期的毛发, 也就是说在治疗时, 激光对它们是起不到任何作用的, 治疗结束后, 它们还会正常生长。

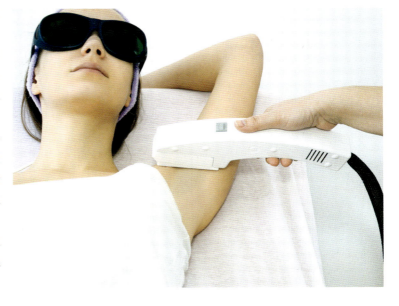

什么是大型强子对撞机?

地球上最强大的粒子粉碎机的升级版

世界上最强大的粒子加速器大型强子对撞机（LHC）经过了两年的停机维修和保养，在 2015 年已经重新启动，并创下了 13 兆电子伏特的粒子粉碎记录，几乎是 2013 年的 2 倍。

欧洲核子研究中心（CERN）的研究人员希望，LHC 能量输出的大幅度提高能够帮助进行更加复杂的希格斯玻色子研究。希格斯玻色子是一种能够解释为什么物质具有质量的粒子，于 2012 年被人们发现。能量的增加意味着 LHC 可以提高产生希格斯玻色子粒子的频率（能够达到 LHC 第一次运行时的 10 倍），从而帮助研究人员更准确地对其进行测量，并探测其罕见的衰变。不仅如此，LHC 的升级可以帮助实施更多极端实验，以便更好地模拟早期宇宙的条件。

2015 年 7 月，LHC 公布了它的最新发现：五夸克态的存在。五夸克粒子代表着一种全新的粒子，为研究人员提供了一种组合夸克（质子和中子的组合粒子）的全新模式，并进一步帮助我们理解亚原子粒子是如何形成的。

物理学家还希望借助 LHC 来寻找暗物质，据说暗物质的组成成分占据宇宙所有物质种类的 85%，但其性质至今不明。我们知道暗物质存在的唯一依据是它的重力作用，整个宇宙之所以能关联在一起，也正是由于暗物质的引力作用。对于组成暗物质的粒子特性，科学家只提出了一些理论，但是这些理论有可能是完全错误的，所以 LHC 实验才会让科学家如此兴奋。

保护层
为了防止电子云对光束的干扰，光束管被涂上了一种特殊的非蒸发物质来帮助吸收电子。

改进后的冷却系统
LHC 的专用磁体必须时刻保持低温，所以相应的低温系统也进行了改进。

连接加固
LHC 磁铁之间的众多电气连接上安装 10 000 多个金属分流器，帮助应对意外故障的出现。

"LHC 能量输出的大幅度提高能够帮助进行更加复杂的希格斯玻色子研究"

能量提升
LHC 最显著的一个改进是碰撞能量的提升，从 2012 年的 8 兆电子伏特提升到了 13 兆电子伏特。

B23R2

光束更紧密
光束宽度会随着能量的增加而减小，LHC 的光束现在可以更加紧密地进行聚焦，从而允许实现更多的碰撞和交互作用实验。

五夸克粒子中有多种可能的夸克布局，要了解它确切的结构还需要进一步的研究。

什么是 **焦虑**？

我们的大脑如何触发战斗或逃避反应的

我们很多人都深受焦虑的危害，有些症状严重的人甚至会离家出走或者丢掉工作。在美国，超过 4 000 万 18 岁或以上年龄的人患有焦虑症，而在英国，每 20 人中就有 1 人患有焦虑症。有些研究人员认为，现代科技造成了焦虑相关疾病的增加。由于我们持续关注着短信、电子邮件、社交媒体和新闻的更新，所以身体一直处于高度紧张状态。

焦虑是人类一种自然的反应，有它特有的作用。从生物学的角度来看，焦虑可以让我们提高警惕，为应对潜在危险做好准备。从某种意义上来说，焦虑是本能的恐慌按钮。

当我们变得焦虑时，我们的战斗或逃避反应就会被触发，身体充满肾上腺素、去甲肾上腺素和皮质醇，这有助于提高我们的反应和应对速度。身体可以通过提高心率，为肌肉输送更多血液以及让肺部充分呼吸，帮助自身应对危险。

与此同时，大脑不再考虑那些让人愉快的事情，确保身体所有的关注都放在识别潜在威胁上。在极端情况下，身体会通过任何可能的方式，来排空消化道，从而来应对焦虑，排空消化道可以确保身体不在食物消化上浪费能量。

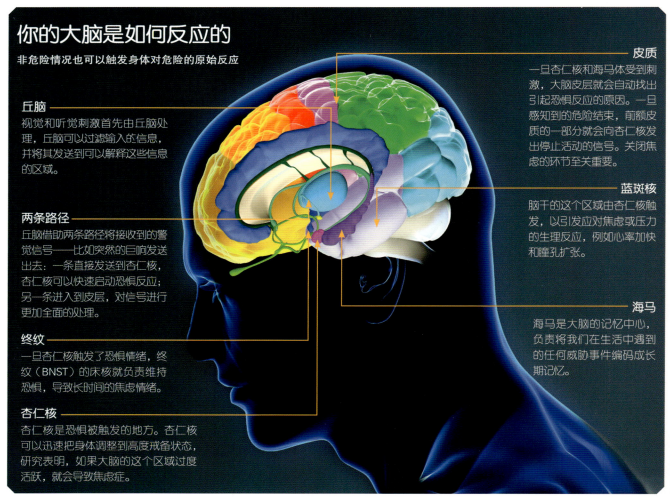

你的大脑是如何反应的

非危险情况也可以触发身体对危险的原始反应

丘脑
视觉和听觉刺激首先由丘脑处理，丘脑可以过滤输入的信息，并将其发送到可以解释这些信息的区域。

两条路径
丘脑借助两条路径将接收到的警觉信号——比如突然的巨响发送出去：一条直接发送到杏仁核，杏仁核可以快速启动恐惧反应；另一条进入到皮层，对信号进行更加全面的处理。

终纹
一旦杏仁核触发了恐惧情绪，终纹（BNST）的床核就负责维持恐惧，导致长时间的焦虑情绪。

杏仁核
杏仁核是恐惧被触发的地方。杏仁核可以迅速把身体调整到高度戒备状态，研究表明，如果大脑的这个区域过度活跃，就会导致焦虑症。

皮质
一旦杏仁核和海马体受到刺激，大脑皮层就会自动找出引起恐惧反应的原因。一旦感知到的危险结束，前额皮质的一部分就会向杏仁核发出停止活动的信号。关闭焦虑的环节至关重要。

蓝斑核
脑干的这个区域由杏仁核触发，以引发应对焦虑或压力的生理反应，例如心率加快和瞳孔扩张。

海马
海马是大脑的记忆中心，负责将我们在生活中遇到的任何威胁事件编码成长期记忆。

本生灯 的原理是什么?

本生灯的火焰温度为什么能达到1 200℃

本生灯是罗伯特·本生于 19 世纪中叶发明的。当时,这位德国化学家正在研究发射光谱,发射光谱是不同元素在被火焰加热时所产生的亮光。要进行这项实验,他需要一个热量足够的干净火焰,于是促生了他发明本生灯的想法。现代本生灯由一个长约 13 厘米的金属直管以及一个直管的底座组成。底座下方连接一个被称为气体软管的薄橡胶管,为本生灯供气。金属套管可以通过改变基座处的气孔大小来调节进入软管的空气量。通过让空气中的氧气与燃气混合,帮助燃气充分燃烧,从而产生热量更大的蓝色火焰。今天,本生灯依然广泛应用于各种实验,包括杀菌和将细胞固定到显微镜载玻片上。

泡沫 是如何形成的?

揭秘神奇的泡沫

泡沫由数以千计的小气泡组成的,泡沫的应用范围远比你想象的要广泛得多。它们可以用来灭火、分离矿石和制造车辆,还有一种泡沫甚至可以用来中和炭疽毒素。

对于泡沫的物理状态,我们还不是很清楚。但是泡沫具有所有三种物质形态的特性,典型的液体泡沫是由 95% 的气体和 5% 的液体组成的,这可以让泡沫与水分隔离开来,防止立即爆裂。

泡沫其实比我们想象的要坚固,这主要是受干扰现象的影响。干扰现象的出现是由于泡沫的气泡之间过于紧密,从而导致气泡不能相互移动。随着压缩的增强,气泡内部的压力也会增加,从而让泡沫变得更加坚固。

泡沫的结构特征

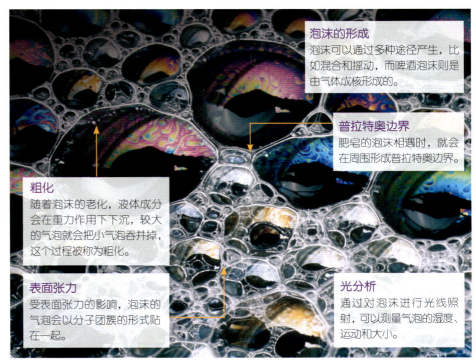

泡沫的形成
泡沫可以通过多种途径产生,比如混合和摇动,而啤酒泡沫则是由气体成核形成的。

普拉特奥边界
肥皂的泡沫相遇时,就会在周围形成普拉特奥边界。

粗化
随着泡沫的老化,液体成分会在重力作用下下沉,较大的气泡就会把小气泡吞并掉,这个过程被称为粗化。

表面张力
受表面张力的影响,泡沫的气泡会以分子团簇的形式贴在一起。

光分析
通过对泡沫进行光线照射,可以测量气泡的湿度、运动和大小。

晒黑的过程 是怎样的?

我们的皮肤在太阳的暴晒下,是如何反应的

专业医疗人员一直在警告我们,不要让皮肤过多地暴露在阳光下。尽管如此,很多人仍然在长时间地享受日光浴,希望能够拥有众多名人所追捧的古铜色皮肤。

当我们将皮肤暴露在强烈阳光或进行日光浴时,紫外线会促使皮肤中的黑色素细胞产生更多的黑色素。黑色素是负责我们皮肤颜色的色素,它通过吸收紫外线辐射来保护细胞不受伤害。皮肤颜色生来就很深的人拥有更多的黑色素,所以

也能更好地保护皮肤不受阳光的伤害。尽管如此,过量的紫外线照射会损害黑色素细胞的 DNA,导致致命的皮肤癌——黑色素瘤。

近期的科学研究表明,将皮肤晒黑的过程也有成瘾特质。一项对小白鼠的实验证明,紫外线辐射除了可以促使皮肤产生黑色素外,还可以产生一种快感化学物质内啡肽,这种化学物质也会在人服用成瘾药物之后会产生。

皮肤是如何变成古铜色的

一起来了解那些让皮肤变成古铜色的重要组织

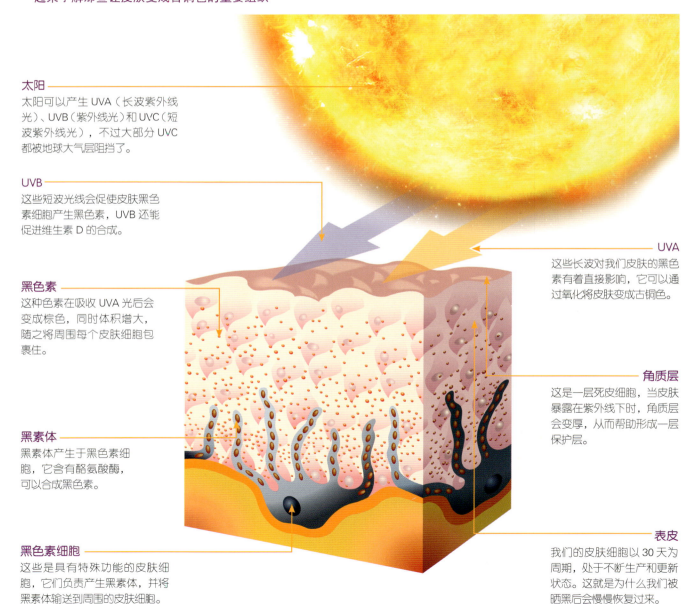

太阳
太阳可以产生 UVA(长波紫外线光)、UVB(紫外线光)和 UVC(短波紫外线光),不过大部分 UVC 都被地球大气层阻挡了。

UVB
这些短波光线会促使皮肤黑色素细胞产生黑色素,UVB 还能促进维生素 D 的合成。

黑色素
这种色素在吸收 UVA 光后会变成棕色,同时体积增大,随之将周围每个皮肤细胞包裹住。

黑素体
黑素体产生于黑色素细胞,它含有酪氨酸酶,可以合成黑色素。

黑色素细胞
这些是具有特殊功能的皮肤细胞,它们负责产生黑素体,并将黑素体输送到周围的皮肤细胞。

UVA
这些长波对我们皮肤的黑色素有着直接影响,它可以通过氧化将皮肤变成古铜色。

角质层
这是一层死皮细胞,当皮肤暴露在紫外线下时,角质层会变厚,从而帮助形成一层保护层。

表皮
我们的皮肤细胞以 30 天为周期,处于不断生产和更新状态。这就是为什么我们被晒黑后会慢慢恢复过来。

我们为什么会有 **食欲**？

小孩子天生就喜欢甜食吗

饥饿和对甜食的渴望是两种完全不同的东西。 饥饿与我们的生存息息相关，而对甜食的渴望则是为了满足我们对一切有甜味的东西的欲望。我们对甜味的喜爱是在婴儿时期形成的，据说这主要是来自母乳中的甜味。我们在饮食母乳的时候，大脑中的奖励中心就会被激活，让我们从中获得快感。如果我们继续食用母乳，这种快感就会得到加强，这也解释了我们对糖的渴望是如何产生的。另外，母亲的饮食爱好也会影响我们对某些食物的偏好。科学家研究发现，母亲的口味是通过子宫内胎儿周围的羊水传递给婴儿的。对于在母体中已经体验过的口味，他们出生后就不太可能会排斥。

肠道也会影响我们对食物的渴望。肠道中包含一个近乎独立的自治系统，用来管理肠道内的消化层。这个庞大的系统拥有 10 万个神经元，能够不断地收集摄入的食物信息，将这些信息传递给大脑。这种时刻进行的信息互动可以引起我们对食物口味的改变。肠道细菌也发挥着一定的作用，细菌在分解大量纤维时会产生一种特定的化合物，并将其传送到大脑，促使大脑产生饱腹感和满足感。

那么我们是否应该把对食物的渴望看作食物上瘾的标志呢？虽然对高糖和高脂肪食物的渴望有上瘾的特征，但事实上，我们所沉迷的是食用这些食物的行为而非食物本身。

欺骗你的感觉

勺子的颜色会改变酸奶的口味吗？当然不会，但餐具的颜色可以改变你对食物口味的感觉。在最近的一项研究中，科学家让志愿者分别使用白色和黑色的勺子食用同样的酸奶。结果表明，使用白色勺子会让志愿者觉得酸奶更甜。之后科学家又改变了勺子的重量。 使用较轻的勺子会让志愿者觉得酸奶更加稠密，口感更奢华。 科学家们不确定是什么机制导致了这些奇怪的结果，并希望通过进一步研究搞清楚中间的关联。

人们一般会对有甜味的食物和入口即化的巧克力产生欲望。

烟花 的形状是怎么形成的？

绚丽烟花背后的化学原理

现代烟花可以绽放出心形、笑脸，甚至是土星的样子。这些形状是烟花壳（容器）的构造和内部爆炸物（烟火药丸）排列的不同造成的。由于烟花壳一般都是球形的，所以爆炸一般呈对称式。在烟花壳内的纸片上按照想要的形状布置爆炸物，就可以让它们在空中呈现出纸片上的形状。

制造商还会使用内部具有不同隔间的复杂烟花壳，里面的爆炸物同样也具有多种颜色和形状。将它们按照一定的顺序放置排列后，就会在空中绽放出可识别的图案和形状。但是，这并不是一门十分精确的技术。很多烟花表演都会同时点燃多个相同的烟花，以便可以为观众成功呈现至少一个他们期望看到的形状。

第一批有形烟花制作于 20 世纪 90 年代，用来欢迎归来的美国军队。

焰火里的科学

焰火由三种化学成分组成：氧化剂、黏合剂和金属燃料。把这三种物质粘在一起，然后将其涂在焰火主体的铁丝上。

金属粉末是制作焰火必不可少的原料，它可以产生带有闪光和颜色的火花。铝、钛和镁都会产生明亮的白色火花，而铁粉产生的则是橙色的火花。铁和钛混合在一起就得到了钛铁合金，它在燃烧时会产生金黄色的火花。

要获得更多的颜色，还可以在焰火里添加各种金属盐，这是制作彩色烟花通用的方法。比如，铜盐可以产生绿蓝色火花，钡盐可以产生绿色火花，锶盐可以产生红色火花。

金属粉末遇到氧气燃烧产生氧化物，燃烧时就会出现特殊的颜色。

烟花的内部设计
烟花的内部设计是如何决定燃放形状的

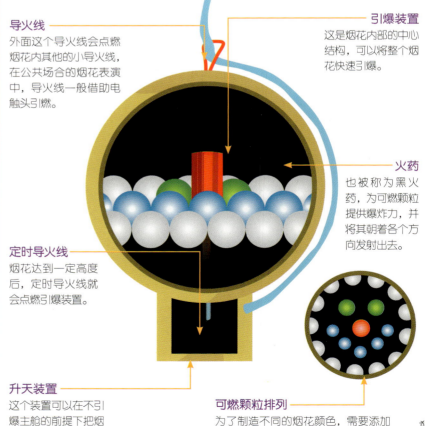

导火线
外面这个导火线会点燃烟花内其他的小导火线，在公共场合的烟花表演中，导火线一般借助电触头引燃。

引爆装置
这是烟花内部的中心结构，可以将整个烟花快速引爆。

火药
也被称为黑火药，为可燃颗粒提供爆炸力，并将其朝着各个方向发射出去。

定时导火线
烟花达到一定高度后，定时导火线就会点燃引爆装置。

升天装置
这个装置可以在不引爆主舱的前提下把烟花送到高空中。

可燃颗粒排列
为了制造不同的烟花颜色，需要添加不同的化学物质，但是烟花的形状是由内部可燃颗粒的排列方式决定的。

© Thinkstock

角蛋白 是什么?

自然界这些坚硬物质背后的秘密

角蛋白是一种蛋白质，人类和动物身上都有角蛋白。角蛋白主要有两种，它们在结构上稍有不同。α-角蛋白是头发、皮肤、指甲、蹄子和动物毛发的主要构成成分，形状卷曲。鸟嘴和爬行动物鳞片中发现的β-角蛋白要更加坚硬，由平行片组成。两种蛋白都由氨基酸构成，氨基酸也是构成我们的细胞、肌肉和其他组织所有蛋白质的主要组成成分。

角蛋白的柔韧度取决于不同的氨基酸比例。半胱氨酸是一种能够形成二硫键的特殊氨基酸，二硫键可以将角蛋白连接在一起并赋予其一定的强度。角蛋白中含有的半胱氨酸越多，强度也越大，所以相比于柔软的头发，我们可以在坚硬的指甲中找到更多的半胱氨酸。顺便说一句，半胱氨酸内还含有硫，所以燃烧头发和指甲时会产生刺激性气味。

在组成卷发的蛋白质链上，氨基酸中含有的二硫键相对更多。

α-角蛋白

α-角蛋白是怎么形成头发的

α螺旋
角蛋白由被肽键连接在一起形成多肽链的氨基酸聚合而成。

原纤维
三个α螺旋扭结在一起形成原纤维，这是形成头发纤维的第一步。

微纤维
九个原纤维会绕着另外两个原纤维围成圆形连接在一起，形成微纤维。

巨纤维
数百个微纤维链不规则地捆绑在一起就形成了巨纤维。

毛细胞
巨纤维在毛细胞内连接在一起，就构成了皮质，也是毛发纤维的主体。

灰尘里 有什么?

从皮肤细胞到太空岩石，我们家里有数不清的灰尘颗粒

我们家里的灰尘中平均含有9 000种不同的微生物，以及动物头发、花粉、昆虫分解物、织物纤维等其他物质。而灰尘中大部分物质都来自外面，从门窗吹进我们家里，或者粘在我们衣服或鞋子上被带进来的，其余的则来自家里的人、动物或其他物体。

灰尘中一般含有数千种细菌和真菌，以及被称为尘螨的微生物，尘螨可以产生过敏原。然而，除了这些令人厌恶的成分，灰尘中还含有一些珍贵的东西。研究发现，尘埃中还含有一种微陨石的小颗粒，它们曾经是彗星和小行星的一部分，你可以借助强力磁铁把它们提取出来。

家里的大多数灰尘都是无害的，而且80%都可以通过定期打扫被清理掉。

家庭灰尘的彩色扫描电子显微图。

© SPL; Thinkstock; Corbis

为什么自行车在运行时更加平稳?

我们无法清楚地解释,为什么自行车运行中可以神奇地保持直立。专家们一致认为这与车轮的自动转向能力密不可分,认为自行车的车轮是借助陀螺效应来保持自身稳定的。陀螺效应是指旋转中的物体会抵制朝某一方向倾斜。

第二种观点认为,自行车的移动方向与被推着走的购物车的前进方式是一样的道理。 然而,研究人员在 2011 年通过制造的一辆自行车将这两种观点都推翻了。研究人员利用反向旋转轮推翻了陀螺效应,他们把转向轴安装在前轮的后方,发现移动中的自行车依然很稳定。研究人员认为,虽然上述两种理论都可能对自行车的稳定产生影响,但都不是关键因素。

关节为什么会发出爆裂声?

导致关节发出爆裂声的原因有多种。滑液作为我们关节的润滑剂,其中含有二氧化碳、氮气和氧气等气体。当我们活动关节时,滑液就会迅速释放气泡,并发出破裂声。随着关节的移动,肌腱和韧带的移动或收紧也可能产生爆裂声。手术之后,或者关节炎会造成关节表面粗糙,甚至软骨磨损,让关节有时会更加频繁地发出爆裂声。听到关节发出破裂声并不代表关节出了问题,除非伴随着疼痛、肿胀、关节功能或运动的丧失。但是,如果你故意掰动指关节,很有可能会导致关节肿胀和握力减弱。

我们能消化甜玉米吗?

未经咀嚼的甜玉米在通过我们的消化系统后看似没什么改变,但是我们实际上可以消化掉玉米的一部分。玉米粒内部主要是由淀粉构成的,所以容易被消化,但是玉米粒的外面是坚硬的纤维素。由于人类体内缺乏分解纤维素所需的消化酶,所以如果你在吞咽玉米粒之前没有很好地咀嚼,它基本就会原样通过你的消化系统。虽然外表看起来没什么变化,但是我们的消化酶能够穿过玉米粒的外层膜,将它内部的淀粉分解掉,并将糖分子释放到肠道中。

消化不良是怎么引起的?

消化不良是进食后胃部疼痛的一种症状,是由胃酸直接与消化系统的内壁(黏膜)接触造成的。消化系统内壁十分敏感,强酸可以刺激到它,并将其分解,同时还会造成内壁肿胀,从而让身体产生不适感。

消化不良通常都是进食引起的,但吸烟、饮酒、压力过大或某些药物也会引起消化不良。消化不良一般通过服用抗酸剂进行治疗,抗酸剂可以中和胃酸,帮助缓解疼痛。

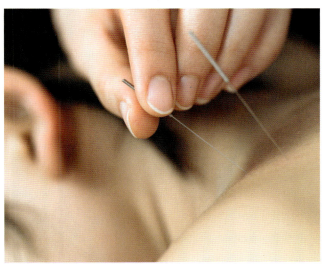

针灸的原理是什么?

医学界和科学界至今还在争论针灸是否真的有疗效,这是因为针灸的疗效很难通过医学试验来验证。因为严谨的医学试验要求在患者和医生都不知情的情况下,通过使用无害的安慰剂来进行,而对于针灸来说,这几乎是不可能的。

为了克服这个问题,试验使用"假针灸",要么在非传统的地方插入针头,要么通过把针头放在皮肤上来假装将针插入针头。这些测试表明,实施真正的针灸比"假针灸"或者安慰治疗更加有效,它可以有效缓解与头痛、骨关节炎、背部和颈部有关的疼痛。但是对于类风湿性关节炎和肩痛等其他疾病,针灸则没有显著的疗效。有观点认为,针灸可以刺激内啡肽的分泌,内啡肽是身体内的天然止痛药。

我们为什么会有不同的血型?

直白地讲,我们现在仍然不知道答案。人类一共拥有33个不同的血型系统,这真是让人难以置信。但是最常被提到的只有 A、B、O 系统,组合起来一共有四种血型。根据每个人的遗传基因不同,你的红细胞可能会被 A、B 或者 A 和 B 抗原所包裹,当然也可能不被任何一种抗原包裹(在这种情况下,你就是 O 型血)。我们知道这些因素会对输血产生影响,但不同血型背后的更大影响可能与感染传播有关。比如说,O 型血的人更容易受到鼠疫的侵袭,但对疟疾的抵抗力更强。

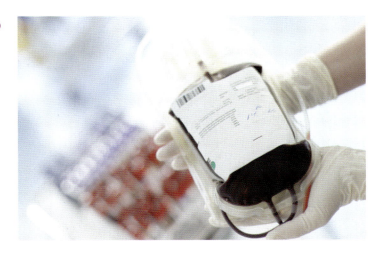

青春期为什么会变声?

人类通过将空气推出连接在软骨上的两个弹性声带进行发声,软骨处的发声器官也称为喉头。喉头上的组织会对雄性激素睾酮产生反应,所以随着男性青春期时雄性睾酮水平的上升,喉头就会生长增厚。就像吉他上较粗的弦在振动时会发出较低的声音一样,声带变粗可以使一个男孩的声音被改变高达八个音阶的程度。

热量和温度有什么不同?

热量（以焦耳为单位）是物体热能（分子运动）的量，它随物体的质量而变化。同样的物质中物体的质量越大，热能就越大，因为质量大的物体含有更多的分子，而质量小的物体含有的分子则较少。而温度是对物体相对热能的一种度量，通过测量物体分子的平均动能，来表示物体的冷热程度。

温度不依赖于物体的质量变化，所以不同大小的物体虽然热量不同，但是却可能具有相同的温度。例如，一杯茶的温度可能与一浴缸热水的温度相同，但是由于浴缸内含有更多的水分，需要更多的能量使这些水分子达到这个温度，所以一浴缸热水的热量要比一杯茶水大得多。

心脏为什么每次都会连跳两下?

人的心脏共有四个腔室，上面的两个心房用于收集从身体和肺部返回的血液，底部两个较大的心室用于将血液输送出去。

心脏有自己的生物起搏器，可以触发有节奏的电波，并将其传递到肌肉中去。电波从心脏顶部开始，沿着两个心房壁移动，通过让心房挤压将血液输送到心室。随后阀门快速关闭，防止血液回流，于是就产生了"心跳"的声音。

电脉冲通过中间的特殊细胞下移到心脏底部，然后再一波波上升，促使心室收缩，并迫使血液流向身体和肺部。随后第二组阀门关闭，于是产生了第二次"心跳"声。

为什么喝咖啡可以造成脱水而喝茶不会?

一般来说，咖啡因都会导致脱水，不管是茶里的，还是咖啡里的，或者苏打水里的。但是，我们在饮用这些饮料时也在喝水，这似乎就会抵消脱水的影响。然而研究得出的结果却并非如此，虽然研究有限，但美国梅奥诊所的研究表明，如果你每天都摄入超过500毫克的咖啡因，就会面临脱水的危险。不过你只要在口渴的时候饮用各种饮料，应该就不会有什么问题。虽然你感觉喝咖啡后会增加上厕所的频率，但事实是你喝等量的水时，也一样会频繁上厕所。

我们为什么需要蛋白质?

从肌肉、皮肤和骨骼的结构，到分解食物的消化酶，人体的所有运作都需要蛋白质组成的分子机制做支撑。蛋白质是三维结构，由长链构成，包含约20种不同的氨基酸。

其他所有生物和人类一样，体内含有的也都是这20种氨基酸，所以我们可以利用动植物中的蛋白质来构建我们的身体。然而，与脂肪和碳水化合物不同，人体不能储存过量的蛋白质，所以我们需要每天进食，为身体的生长和修复提供稳定的氨基酸。肝脏能够将一些氨基酸转化为其他氨基酸，但是有8种氨基酸是人体必需的，且只能从饮食中获得。

为什么有些人会长智齿?

我们早期的类人猿祖先，他们的头部和下颌要比现在的人类大得多。在学会使用工具切割和烹饪食物之前，他们都是使用牙齿来啃咬、粉碎和碾磨食物。随着人类的不断进化和饮食的变化，牙齿不再是我们的主要工具，而且我们的大脑变大了，下颌变短了。

如今我们已经不再需要智齿了，智齿甚至给很多人带来了麻烦。由于我们的下颌变小了，所以没有足够的空间让智齿直向成长。因为长智齿会带来疼痛或者给周围牙齿带来损伤，很多人需要将其拔除。现在约 35% 的人不会再长智齿了，至于以后智齿会不会永远消失，现在不得而知。

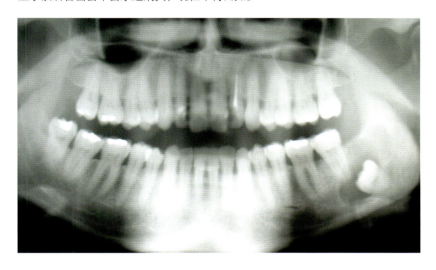

我们为什么会对抗生素产生耐受性?

产生耐受性的其实不是我们，而是我们试图杀死的细菌。细菌的繁殖速度比其他生物快很多，而且基因也更简单，所以基因的随机突变也更频繁。有些突变的细菌可能具有更强硬的细胞壁或者能够代谢毒素的方式。给动物或者本身不需要服药的人类服用低剂量抗生素，只能杀死较弱的细菌。那些拥有抗生素耐受性基因的细菌就幸存下来了，然后继续繁殖和传播它们的基因。

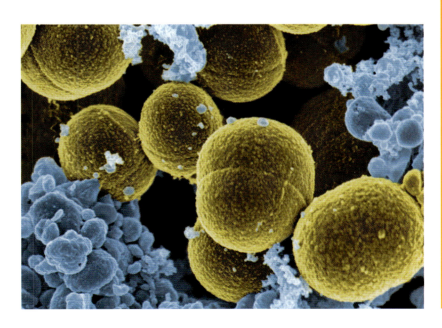

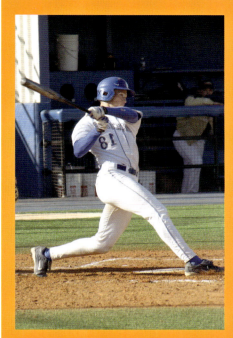

为什么有些人天生是左撇子?

大约 10% 的人是左撇子，据考古证据显示，这个比例在近五千年都未发生改变。美国西北大学开发了一个数学模型，有望对这一现象作出合理解释。

人类是竞争性物种，古时候通过身体博弈来解决争端。在直接身体对抗中，因为左撇子的人站姿独特，所以具有一定的优势。而在击剑和棒球等一对一的运动中，左手运动员的数量也比我们想象的要多。

如果竞争是影响人类发展的唯一因素，那么使用左手和使用右手的人在数量上应该是势均力敌的。但对人类来说，合作比竞争更为重要。作为社会性动物，我们特有的一个特征就是能够使用工具。

在使用专门为右撇子设计的工具时，左撇子是处于劣势的，比如高尔夫，这是一项不需要直接身体对抗，且高度依赖专业工具的运动，所以左撇子的高尔夫运动员数量就很少。左撇子的人虽然在一些竞争中具有独特的优势，但是在社会合作的差异性上也存在劣势，或许正是这两个因素的共同作用，才决定了左撇子的人只有一小部分。

第四章 太空

星球碰撞后 会发生什么?

太阳系虽然现在看上去一片平静, 但很久之前那里却是一片混乱……

太阳系中的行星目前都围绕着太阳, 以稳定的轨道运行着, 行星之间都保持着一定的距离, 防止发生碰撞。但碰撞有时也是不可避免的, 一般发生在行星很年轻或者很老的时候。

实际上, 行星就是通过碰撞形成的: 年轻的星体周围被气体和尘埃粒子的圆盘所围绕, 气体和尘埃相互碰撞, 逐渐形成更大的块体。一个年轻的行星系统上可能有几十个"原行星"在不稳定的轨道上飞行, 这些原行星互相碰撞, 撞击产生的碎片会再聚合成更大的星体。

地球可能就是无数次撞击的结果。科学家从美国宇航局的斯皮策太空望远镜中观察到了 172555 号恒星周围发生撞击后产生的尘埃云碎片, 在这次撞击中, 两颗行星以每小时 36 000 千米的速度相撞并坠毁。

一些行星壮大之后, 会从年轻母星周围的气态尘埃盘虹吸氢气, 快速成长为像木星一样的巨型行星。然而, 行星从周围的尘埃盘上窃取气体, 会让它们慢慢地失去角动量, 并开始向内部的恒星移动, 碾压掉它们碰到的所有物体。如果体积较小的行星撞到向内移动的巨型行星, 就会被撞飞: 有些会撞上其他行星, 有些会撞上它们的母星, 有些还会被完全抛出所在的行星系统。

这些星体死亡数十亿年后, 大多数会变成红巨星, 然后将外层脱落在行星状星云里, 剩下一个白矮星。星体在膨胀成红色巨星时, 会吞下它最内层的行星, 随着星体质量的降低, 外围行星的轨道会相应变宽, 这会导致行星、彗星和小行星的相互碰撞。我们在行星碰撞产生的碎片中发现了白矮星的表面物质, 由此证明了我们的推测。

除了在太阳系中, 整个宇宙中还存在更大范围的星系碰撞。目前, 仙女座星系正朝着我们所在的银河系方向运动, 两个星系会在约 40 亿年后发生碰撞。这听起来可能像是科幻小说里的情节, 但类似这样的兼并在宇宙中是很普遍的, 而且也是星系演化的主要途径。

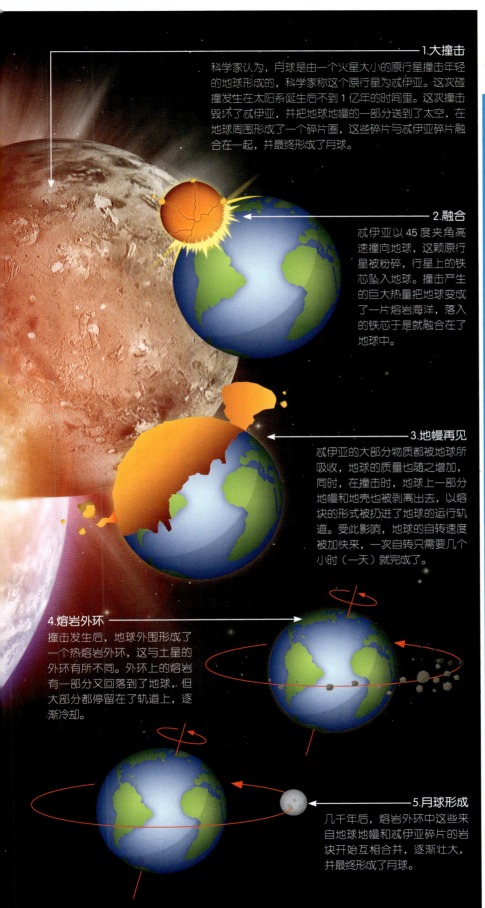

1.大撞击

科学家认为，月球是由一个火星大小的原行星撞击年轻的地球形成的，科学家称这个原行星为忒伊亚。这次碰撞发生在太阳系诞生后不到 1 亿年的时间里。这次撞击毁坏了忒伊亚，并把地球地幔的一部分送到了太空，在地球周围形成了一个碎片圈，这些碎片与忒伊亚碎片融合在一起，并最终形成了月球。

2.融合

忒伊亚以 45 度夹角高速撞向地球，这颗原行星被粉碎，行星上的铁芯坠入地球。撞击产生的巨大热量把地球变成了一片熔岩海洋，落入的铁芯于是就融合在了地球中。

3.地幔再见

忒伊亚的大部分物质都被地球所吸收，地球的质量也随之增加，同时，在撞击时，地球上一部分地幔和地壳也被剥离出去，以熔块的形式被扔进了地球的运行轨道。受此影响，地球的自转速度被加快来，一次自转只需要几个小时（一天）就完成了。

4.熔岩外环

撞击发生后，地球外围形成了一个热熔岩外环，这与土星的外环有所不同。外环上的熔岩有一部分又回落到了地球，但大部分都停留在了轨道上，逐渐冷却。

5.月球形成

几千年后，熔岩外环中这些来自地球地幔和忒伊亚碎片的岩块开始互相合并，逐渐壮大，并最终形成了月球。

"行星之间也会发生碰撞，一般发生在行星很年轻或很老的时候"

大碰撞说

阿波罗执行任务时从月球带回了一块岩石，我们从中找到了大碰撞说的证据。这些岩石中氧同位素的比例与地幔中氧同位素的比例几乎是一样的。这表明，月球是由来自地球地幔的物质组成的。不仅如此，这些岩石在很久以前就已经熔化了，而大碰撞恰恰可以给岩石熔化提供所需的热量。

尽管大碰撞说已经被广泛接受，但仍然还存在一些疑问。比如，有些人认为，在月球上应该可以找到更多来自原行星忒伊亚碎片的证据。此外，从月球带回的岩石中包含所谓的挥发性元素（较低温度下容易蒸发的物质，如水分），如果大碰撞说成立，那么碰撞发生时产生的热量会让将这些元素蒸发掉。然而，这些都是有待解决的细节问题，大碰撞说本身并未受到严重质疑。

在阿波罗 15 号任务期间，宇航员戴夫·斯科特收集了一块重 77 克高尔夫球大小的月球岩石。

这是围绕着恒星NGC 2547-ID8旋转的两颗小行星在碰撞后所释放出巨大的喷发状尘埃的艺术效果图

小行星碰撞

在小行星带上，太空岩石每年都会发生一次撞击

如果你看过电影《星球大战之帝国反击战》，那么对里面的小行星追逐场景请不要当真，因为小行星带上真的很空旷，站在一颗小行星上，根本无法看到另一颗小行星！但即便如此，小行星之间还是会发生碰撞。而一旦碰撞发生，就会是天翻地覆。

2010年，哈勃太空望远镜在小行星带上发现了一个神秘物体：一个带有像彗星一样的长尾巴的X状物体。其尾部是小行星尘埃，据推测是小行星碰撞产生的。当时一颗直径约122米的小行星与另一颗直径约4.6米的小行星以每小时17 700千米的速度碰撞在一起。天文学家推测，类似这种规模的碰撞，在小行星带上平均每年都会发生一次。

很多小行星都是以群组或家族的形式存在的，家族中较小的星体可能就是较大星体在发生碰撞时产生的碎片。例如，太阳系中最大的小行星之一灶神星就拥有一个小行星家族，地球上发现的一种名为HED（howardite-eucrite-diogenite）的罕见陨石，据推测也是来自这个小行星家族。宇宙中的星体碰撞也可能会让一些较大的陨星遗落到地球，一旦这种情况发生，地球上的生命就会受到威胁。

小行星碰撞在其他星系中也会发生。2012年，我们观察到一颗名为NGC 2547-ID8的恒星周围的尘埃突然增多，这些尘埃就是一颗巨大的小行星发生撞击后释放出来的。这些尘埃中含有砂粒，可以把自身慢慢磨得更小，斯皮策太空望远镜捕捉到了这些尘埃的红外线辐射。

光怪陆离的星系大碰撞

当这些旋转的星系不期而遇，会谱写出怎样跌宕起伏的乐章？

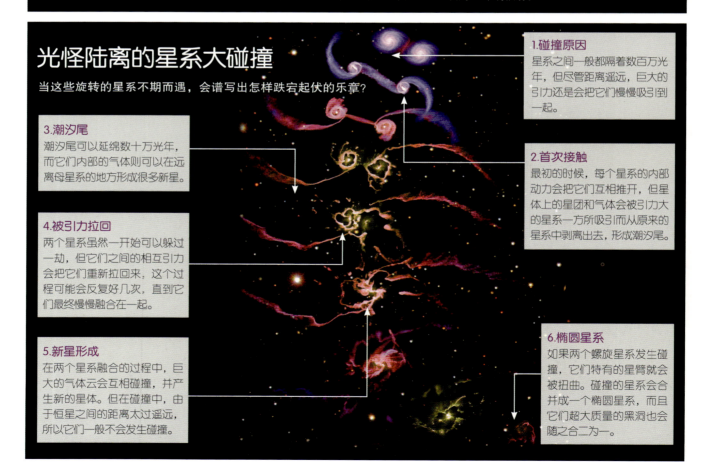

1.碰撞原因
星系之间一般都隔着数百万光年，但尽管距离遥远，巨大的引力还是会把它们慢慢吸引到一起。

3.潮汐尾
潮汐尾可以延绵数十万光年，而它们内部的气体则可以在远离母星系的地方形成很多新星。

2.首次接触
最初的时候，每个星系的内部动力会把它们互相推开，但星体上的星团和气体会被引力大的星系一方所吸引而从原来的星系中剥离出去，形成潮汐尾。

4.被引力拉回
两个星系虽然一开始可以躲过一劫，但它们之间的相互引力会把它们重新拉回来，这个过程可能会反复好几次，直到它们最终慢慢融合在一起。

5.新星形成
在两个星系融合的过程中，巨大的气体云会互相碰撞，并产生新的星体。但在碰撞中，由于恒星之间的距离太过遥远，所以它们一般不会发生碰撞。

6.椭圆星系
如果两个螺旋星系发生碰撞，它们特有的星臂就会被扭曲。碰撞的星系会合并成一个椭圆星系，而且它们超大质量的黑洞也会随之合二为一。

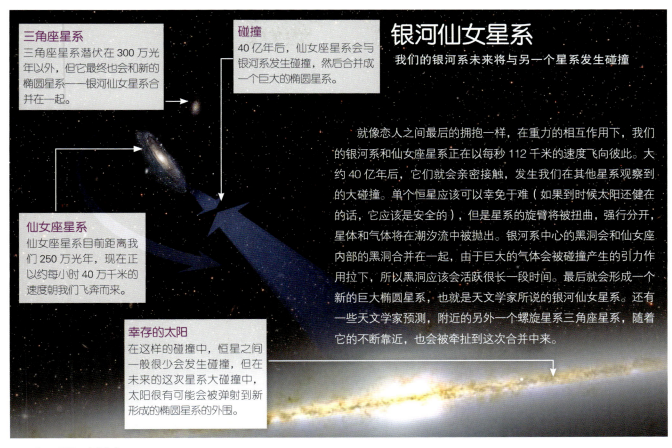

三角座星系
三角座星系潜伏在 300 万光年以外，但它最终也会和新的椭圆星系——银河仙女星系合并在一起。

碰撞
40 亿年后，仙女座星系会与银河系发生碰撞，然后合并成一个巨大的椭圆星系。

银河仙女星系
我们的银河系未来将与另一个星系发生碰撞

就像恋人之间最后的拥抱一样，在重力的相互作用下，我们的银河系和仙女座星系正在以每秒 112 千米的速度飞向彼此。大约 40 亿年后，它们就会亲密接触，发生我们在其他星系观察到的大碰撞。单个恒星应该可以幸免于难（如果到时候太阳还健在的话，它应该是安全的），但是星系的旋臂将被扭曲，强行分开，星体和气体将在潮汐流中被抛出。银河系中心的黑洞会和仙女座内部的黑洞合并在一起，由于巨大的气体会被碰撞产生的引力作用拉下，所以黑洞应该会活跃很长一段时间。最后就会形成一个新的巨大椭圆星系，也就是天文学家所说的银河仙女星系。还有一些天文学家预测，附近的另外一个螺旋星系三角座星系，随着它的不断靠近，也会被牵扯到这次合并中来。

仙女座星系
仙女座星系目前距离我们 250 万光年，现在正以约每小时 40 万千米的速度朝我们飞奔而来。

幸存的太阳
在这样的碰撞中，恒星之间一般很少会发生碰撞，但在未来的这次星系大碰撞中，太阳很有可能会被弹射到新形成的椭圆星系的外围。

小行星碰撞
40亿年后，从地球上看到的夜空将会和现在完全不一样

现在
我们现在可以在夜空中看到银河系和仙女座星系之间横跨 3 度。然而，仙女座星系的蓝移，显示出它正在朝着银河系移动。

交锋
随着仙女座星系的靠近，它在夜空中就会变得越来越大，其强大的引力就会开始扭曲银河系的形状。

碰撞
随着旋臂的相撞，两个星系的结构也会遭到破坏。从地球上看去，银河系就会变得奇形怪状。

星爆
在合并过程中，巨大的气体云发生相撞，为恒星的形成创造了条件。在夜空中，我们将看到更多的星云和明亮的星团。

黑洞
两个星系内部的黑洞会朝着彼此靠近。从地球上，我们将会看到两个星系核心慢慢靠近，直到它们合二为一。

终结
最终，恒星停止生成，黑洞合二为一，旋臂被摧毁，两个星系融合在一起，形成一个椭圆星系。

我们可以在外星上 耕种 吗?

火星和月球有可能会成为我们耕种的新土地

不管你信不信，月球和火星上的土壤实际上要比地球上的某些土壤还要肥沃。如果我们想要移民其他星球，那么这个红色星球就会是我们的头号目标，这对宇航员来说会是个好消息。

这都多亏了荷兰的一个科学家团队，是他们冒着危险从夏威夷和亚利桑那州的火山上收集了类似于火星土壤和月球土壤的物质，希望可以为人类提供一些有用信息，帮助我们未来在外星上定居。这两种土壤中都含有植物生长所需的基本成分：硝酸盐和铵。

专家在从火山上收集的矿物质土壤，以及从火星和月球上带回的未经处理的土壤中分别种植胡萝卜、番茄、杂草和小麦，结果发现，植物更喜欢未经处理的火星土壤。但是，很多植物在月球土壤中都无法很好地成长。

不过科学家认为，通过在月球土壤中添加固氮细菌或许可以帮助植物在月球土壤中生长。

火星上的 "蜘蛛状" 地貌

在火星冰上发现的令人毛骨悚然的地貌

火星的南极在深冬的时候，气温可以骤降到 −125℃，冷到足以让大气中的二氧化碳气体凝结成干冰，也就是固态二氧化碳。当春天来临时，干冰就会以爆炸的形式蒸发掉！干冰下方黑暗的土壤吸收阳光温度的速度要比干冰快，之后会向上方的干冰传递热量，促使其转变为二氧化碳气体，这个过程就是升华。二氧化碳气体温度上升后开始膨胀，并试图逃离上面的冰层。这些气体会聚集在一个地方，在冰层上强行挖出一条逃离的通道。二氧化碳气体携带着的尘土也会和它一起，从冰层中喷涌而出。

二氧化碳挖出的这些通道，有的直径长达 300 米，也正是通道创造了"蜘蛛状"的火星地貌。科学家还推测，在矮行星冥王星上，或许也同样存在"蜘蛛状"地貌，不过它们是由氮气间歇泉而不是二氧化碳气体造成的。冥王星上目前有一个明亮的冰盖，科学家们将会继续寻找蜘蛛状地貌的证据。

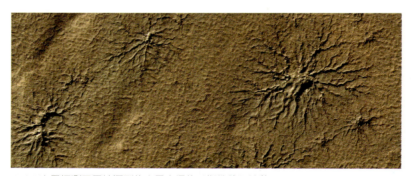

NASA 火星探测卫星拍摄到的火星南极的"蜘蛛状"地貌。

一位画家描绘的火星气体喷泉场景。

孤独的 流氓星球 长啥样？

流氓星球是迷失在星际空间的星球，它们没有运行的恒星轨道

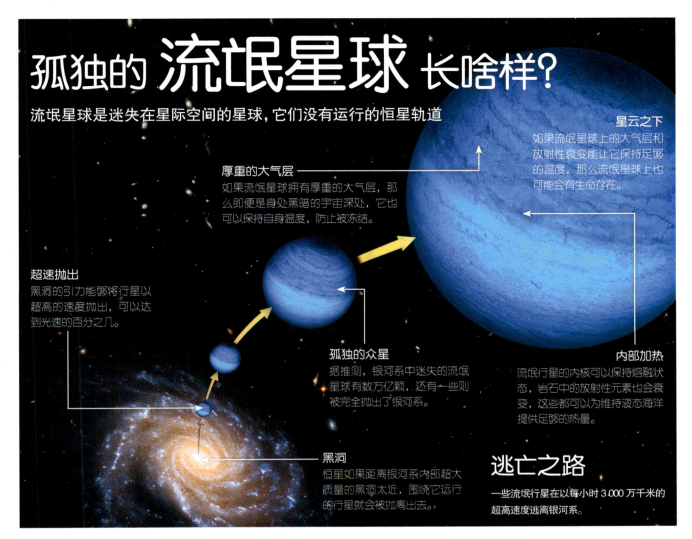

星云之下
如果流氓星球上的大气层和放射性衰变能让它保持足够的温度，那么流氓星球上也可能会有生命存在。

厚重的大气层
如果流氓星球拥有厚重的大气层，那么即便是身处黑暗的宇宙深处，它也可以保持自身温度，防止被冻结。

超速抛出
黑洞的引力能够将行星以超高的速度抛出，可以达到光速的百分之几。

孤独的众星
据推测，银河系中迷失的流氓星球有数万亿颗，还有一些则被完全抛出了银河系。

内部加热
流氓行星的内核可以保持熔融状态，岩石中的放射性元素也会衰变，这些都可以为维持液态海洋提供足够的热量。

黑洞
恒星如果距离银河系内部超大质量的黑洞太近，围绕它运行的行星就会被抛离出去。

逃亡之路

一些流氓行星在以每小时3 000万千米的超高速度逃离银河系。

银河系中有大约2 000亿颗恒星，但是据天文学家估计，流氓星球的数量是恒星的10万多倍。这些孤独的星球到底长啥样？

你可能会觉得这些星球都是没有生命存在的冰冷星球，但事实并非如此，有些行星并不需要来自太阳的热量。如果星球上的大气层足够厚，加上有来自地面放射性元素衰变或火山爆发产生的热量，它们就可以保持足够的温度，促生液态水和微生物生命的出现。当然，它们也有可能还被包裹在诞生时就存在的厚厚的氢气和氮气层里，因为没有来自附近恒星的恒星风，所以大气层不会被吹散。

那么是什么原因让这些星球变成了逃亡者呢？原因至少有三种。第一种就是它们诞生时就是孤零零的，有些巨大的气体云与褐矮星非常相似，直接来自塌陷的气体云，它们都是未能成功构成恒星的失败星体。第二种原因是，如果恒星的运行距离银河系中心黑洞过近，它的行星就会被剥离，以每小时4 800万千米的速度被抛出太空。第三种原因是，如果太阳系中有外来行星迁入，霸占了行星的轨道，外来行星的重力作用就会把较小的行星挤出它们所在的行星系统。有些天文学家甚至猜测，我们的太阳系曾经有过五颗巨大的行星，只不过后来有一颗被驱逐出去了。

褐矮星: 是长过头的行星还是不达标的恒星？

画家绘制的WISE 0855-0714号次棕矮星。

褐矮星是巨大的气体星体，但由于质量过小而无法成为恒星，星球内核的温度和压力不够，无法将氢气和氦气融合在一起。最小的褐矮星大约是木星质量的13倍，质量比这小的就被归为行星了，但两者的划分界线不是很明确。有些流氓行星是气体团凝聚而成的，形成了类似恒星或褐矮星的星体，天文学家称这些为次棕矮星。迄今发现的距离我们最近的一颗是WISE 0855-0714号次棕矮星，距离我们约7.5光年。它的质量是木星质量的3 ~ 10倍。天文学家已经发现了很多相同质量的行星，在恒星轨道上运行。WISE 0855-0714号次棕矮星是一个冷星球，温度在 -13℃ ~ -48℃之间。

行星 都是什么颜色的?

色彩缤纷的太阳系

在太阳系的八颗行星中，只有两颗是必须借助工具才能看到的：天王星和海王星。但即便如此，如果不借助望远镜，所有行星的外表我们几乎都看不到。不过距离地球最近的火星除外，人类在古代时就已经准确知道火星是红色的了，因为它橙红色的光芒与地球的颜色差别很明显。

20世纪执行的众多太空任务和科学的进步大大提升了我们对行星的认识，包括那些距离太阳最近和最远的行星。所以我们现在终于能够确定行星的真实颜色，以及为什么会呈现此种颜色了。

每颗行星的颜色都取决于它们的组成物质，有时候也取决于行星上的大气层吸收和反射太阳光线的方式。

四个类地行星的表面都有坚固的岩石，由于其陆地表面含有铁等元素，所以颜色大多呈灰色或红褐色。但是由于金星外围被密集的大气层和酸雾包裹着，所以它的表面很难从太空中探测到。云层中的硫黄可以反射光线，让金星呈现出鲜明的黄色。 在判断其他四颗气体行星的颜色时，也是根据类似的原则来确定。例如，天王星和海王星在我们看来是蓝色的，因为它们大气中的甲烷气体可以吸收红光，使它们只能反射蓝光。

八大行星颜色图解

下面是每个行星的颜色图解，每种颜色都各自代表着它对应的元素

- 氢气(H_2)
- 二氧化碳(CO_2)
- 氦气(He)
- 氮气(N_2)
- 氧气(O_2)
- 甲烷(CH_4)
- 钠(Na)
- 氩气(Ar)
- 其他气体(Oth)

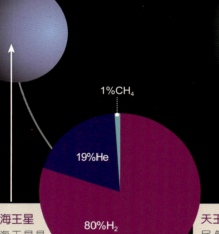

海王星

1%CH_4

19%He

80%H_2

海王星是四颗气体行星中最小的一个，跟它的邻居天王星有很多相似的地方，比如都是蓝色。海王星是最"雷厉风行"的行星，运转速度高达2 441千米/小时，大气层中也经常爆发极端风暴。像木星一样，海王星上也有一个巨大的风暴点。

天王星

3%CH_4

15% He

82% H_2

尽管被归为气体行星，但天王星上空却被冰冻云层所覆盖。天王星是太阳系中最冷的行星，云层温度可降至−220℃以下。大气层中的甲烷让天王星呈现出独特的蓝绿色，因为红光被吸收掉了，所以只能反射出蓝绿色光。

土星

3%He   1% Oth

96% H_2

土星是太阳系中最轻的，却是第二大行星，这个气体行星主要是由氢气和氦气组成，但大气中少量的氨气、磷化氢、水蒸气和碳氢化合物给这个星球带来了鲜明的黄棕色。著名的土星环主要由水冰组成，颜色也呈黄棕色，但根据个别地方密度和所含物质元素的不同，颜色会有所变化。

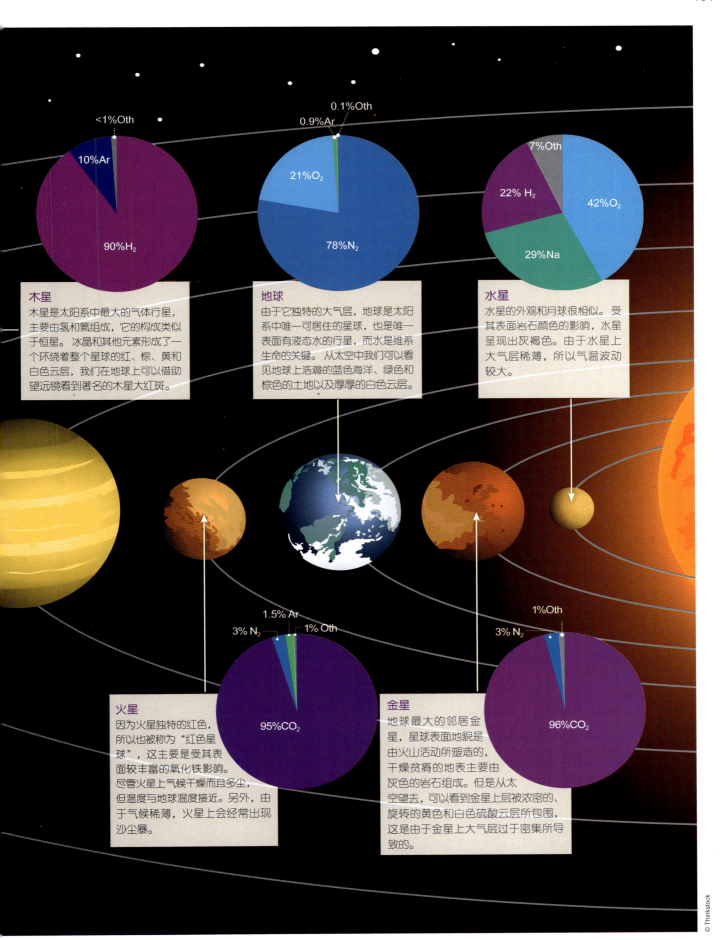

<1%Oth

10%Ar

90%H$_2$

木星
木星是太阳系中最大的气体行星，主要由氢和氦组成，它的构成类似于恒星。冰晶和其他元素形成了一个环绕着整个星球的红、棕、黄和白色云层，我们在地球上可以借助望远镜看到著名的木星大红斑。

0.1%Oth

0.9%Ar

21%O$_2$

78%N$_2$

地球
由于它独特的大气层，地球是太阳系中唯一可居住的星球，也是唯一表面有液态水的行星，而水是维系生命的关键。从太空中我们可以看见地球上浩瀚的蓝色海洋、绿色和棕色的土地以及厚厚的白色云层。

7%Oth

22% H$_2$

42%O$_2$

29%Na

水星
水星的外观和月球很相似。受其表面岩石颜色的影响，水星呈现出灰褐色。由于水星上大气层稀薄，所以气温波动较大。

1.5% Ar

3% N$_2$

1% Oth

95%CO$_2$

火星
因为火星独特的红色，所以也被称为"红色星球"，这主要是受其表面较丰富的氧化铁影响。尽管火星上气候干燥而且多尘，但温度与地球温度接近。另外，由于气候稀薄，火星上会经常出现沙尘暴。

1%Oth

3% N$_2$

96%CO$_2$

金星
地球最大的邻居金星，星球表面地貌是由火山活动所塑造的，干燥贫瘠的地表主要由灰色的岩石组成。但是从太空望去，可以看到金星上层被浓密的、旋转的黄色和白色硫酸云层所包围，这是由于金星上大气层过于密集所导致的。

NASA是如何炸掉小行星的?

一起来了解 NASA是如何对付致命的太空陨石的

6 600 万年前，恐龙在地球上的统治结束了，而罪魁祸首是一颗小行星，一个直径约 10 千米的大石块，这颗小行星撞击地球时产生的能量是广岛炸弹的 10 亿倍。希克苏鲁伯陨石坑就是当时行星撞击地球时造成的，陨石坑深约 20 千米，宽约 180 千米。

太阳系中有很多行踪不稳的小行星，它们再次撞击地球只不过是时间早晚的问题，到时候人类就会重蹈恐龙的命运。所以我们要提前采取行动，在某些危险的小行星到达地球之前将它们解决掉。解决方案是什么呢? 答案就是美国宇航局的超高速小行星拦截装置（简称 HAIV），其原理是借助核弹，将接近地球的岩块炸碎。

HAIV 上配有小行星警报系统，即使小行星会在一个星期后撞击地球，我们仍然可以借助 HAIV 解除危机，挽救行动何时采取都不会晚。HAIV 首先会将飞船发射到目标小行星上，然后使用冲击器在行星上挖出弹坑，弹坑挖好后 HAIV 会在不到 1 毫秒的时间内向弹坑内发射一颗炸弹，炸弹引爆后就会把小行星炸成碎片。

如果被毁坏的小行星距离地球太近，被炸毁的碎片仍可能以流星雨的形式袭击我们的星球。但是，只要保证碎片足够小，我们就不会受到太大影响，因为小碎片在地球的大气层中就会被燃烧掉。

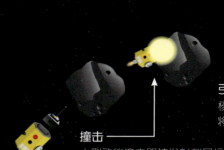

引爆炸弹
核弹就位后就会被引爆，将小行星炸成无数小碎片。

撞击
小型动能撞击器被发射到目标小行星上，在行星表面形成一个弹坑，1 毫秒后，核弹被发射到弹坑中。

准备撞击
在到达小行星之前，发射出去的飞船需要进行分离。

连续图像反馈
HAIV 定位到目标小行星后，摄像机就会提供连续图像反馈，方便随时对操作进行调整。

识别危机
太空飞船借助其高度敏感的传感器和红外摄像机，识别太空中对地球存在威胁的小行星。

前端和后端
飞船由前后端两部分组成，前端主要配有摄像机等装置，后半部分是航天装置。

NANS 的超高速小行星拦截装置会借助高能火箭发射，比如三角洲 4 号重型运载火箭。

准备发射
一旦有小行星踏上了撞击地球的运行轨道，我们就可以借助火箭发射超高速小行星拦截装置。

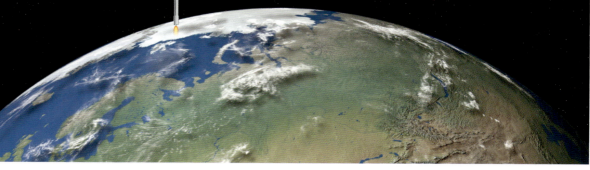

给宇航员作伴的 机器人

生活在国际空间站的日本机器人Kirobo

身处太空，难免会感到寂寞，而长期生活在国际空间站（ISS）的宇航员更是如此。相比失重状态或者站着睡觉，他们的心理状态有时是更加难以克服的问题。

为了解决这个问题，日本科学家设计了一款机器人，目的就是要给宇航员提供心理支持。机器人名为 Kirobo，是日语中"希望"和"机器人"的组合词。Kirobo 高 34 厘米，重 1 千克，配有智能语音识别系统，可以借助先进的语言处理系统和内置的语音合成软件生成自己的语言。

这些机器人系统实际上是由丰田设计的，丰田计划利用这项技术来开发其他机器人的会话功能。Kirobo 实验还有一个目的，就是要观察人类如何与机器人在未来可能发生的长期太空任务中共处，因为这可能会是未来的发展趋势。Kirobo 在国际空间站生活了 18 个月，现在已经返回到地球了。

宇宙飞船 能在运行轨道上修复吗?

国际空间站如果出了问题，谁来修复?

国际空间站上的宇航员会定期太空行走，对出现的问题进行修复。2015 年初，2 名美国宇航员进行 3 次太空行走，耗时 20 个小时成功安装了电缆。美国宇航局也在国际空间站上进行技术测试，希望未来人类和机器人都可以修复在轨卫星。这项技术测试致力于帮助我们在太空中进行宇宙飞船的修复，进一步扩展人类探索太空的范围。1970 年，阿波罗 13 号任务执行期间，由于发生机上爆炸，飞船无法成功抵达月球。要安全返回地球，宇航员必须对飞船进行紧急修复，执行修复时，飞船距地球大约 322 000 千米。所以说，飞船是可以在轨道上进行修复的。

美国宇航员 Reid Wiseman 和 Barry Wilmore 在国际空间站外进行维修。

什么是 活跃星系？

可以吞噬周围一切的强大星系

星系是一个被引力聚集在一起，包含星体、气体、尘埃和暗物质的巨大系统。 多数星系都会借助恒星发光，但也有少数星系会从星系的内核，散发肉眼看不见的强大光波能量。这些星系被称为活跃星系，它们的能量发射来自星系中心的超大质量黑洞。每个星系的中心都存在这样的黑洞，包括银河系，但是大多数星系现在都不活跃了。很多科学家由此推断，所有的星系在最开始的时候都是活跃星系。

成形

星系是如何从活跃星系变成不活跃星系的

A类星体
这些星系距离地球数十亿光年，可以从一个倾斜的角度观察到。

高速旋涡
黑洞中心的物质以接近光速的速度呈旋涡状向太空中喷射。

B射电星系
这些星系我们是从其侧面观察的，所以看不到星系的中心。

2.日益壮大
超大质量黑洞形成后，会吸收周围的气体和尘埃，慢慢壮大。

C星爆星系
星爆星系有一个喷射口正对着地球，所以我们可以从它的正面进行观测。

1.超大质量黑洞
超大恒星的衰竭会促使小型黑洞的形成，但是其他超大质量黑洞的形成原因依然是不解之谜。

3.可见光晕
黑洞周围会形成一个物质旋涡云，称为吸积盘，可以不断吸收周围的气体和尘埃。

3种活跃星系

活跃星系有很多种，包括类星体、射电星系和星爆星系。但是，大多数科学家相信，这些星系其实都是一样的。他们认为，这些星系之所以看起来有所不同，主要是因为我们观察的角度和距离不一样造成的。

4.强力喷射流
黑洞中心的两端有两股喷射流，有时会在周围的物质被吸进黑洞之前将其喷射到太空。

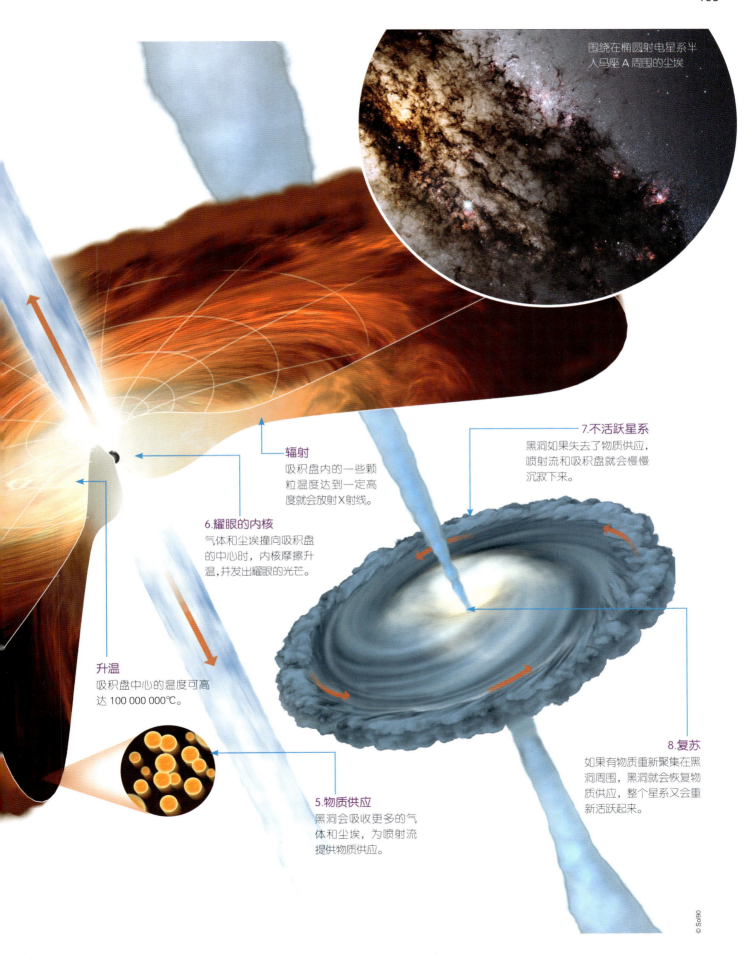

围绕在椭圆射电星系半人马座 A 周围的尘埃

辐射
吸积盘内的一些颗粒温度达到一定高度就会放射X射线。

7.不活跃星系
黑洞如果失去了物质供应，喷射流和吸积盘就会慢慢沉寂下来。

6.耀眼的内核
气体和尘埃撞向吸积盘的中心时，内核摩擦升温,并发出耀眼的光芒。

升温
吸积盘中心的温度可高达 100 000 000℃。

8.复苏
如果有物质重新聚集在黑洞周围，黑洞就会恢复物质供应，整个星系又会重新活跃起来。

5.物质供应
黑洞会吸收更多的气体和尘埃，为喷射流提供物质供应。

什么是 新型火星着陆器？

NASA下次的任务将会为我们带来太阳系形成的新线索

尽管我们已经向火星发送了十几个探测车、登陆器和人造卫星，但这并不意味着我们对这个"红色星球"的探测就可以画上句号了，需要我们探索的东西还多着呢。

美国宇航局的洞察号探测器于2018年11月26日在火星着陆。此次任务中，洞察号将在赤道附近的着陆点深入火星地壳进行勘探，研究火星的内部结构，探测火星的构造活动和陨石撞击情况。

探测器执行任务的意义远不止要搞清楚火星的构成和形成历史。从地质学角度，火星与地球不同，它是惰性星球。鉴于火星没有板块构造，所以在过去的几十亿年里，火星拥有更加完整的演化历程。通过调查火星的内部构造，可以帮助科学家更好地了解其他类地行星的形成。

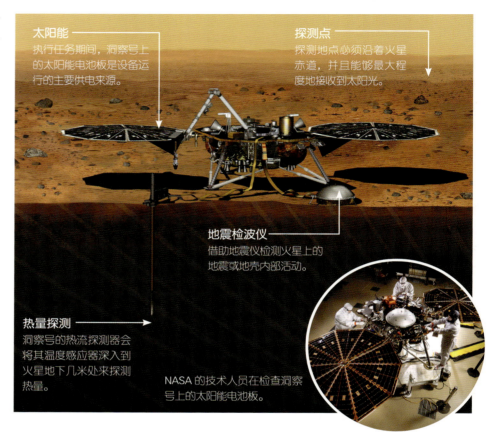

太阳能
执行任务期间，洞察号上的太阳能电池板是设备运行的主要供电来源。

探测点
探测地点必须沿着火星赤道，并且能够最大程度地接收到太阳光。

地震检波仪
借助地震仪检测火星上的地震或地壳内部活动。

热量探测
洞察号的热流探测器会将其温度感应器深入到火星地下几米处来探测热量。

NASA 的技术人员在检查洞察号上的太阳能电池板。

泰坦 是地球的"邪恶"双胞胎吗？

泰坦卫星上很冷，还被包裹在一层天然"雾霾"中，不过却比我们想象中的更接近地球

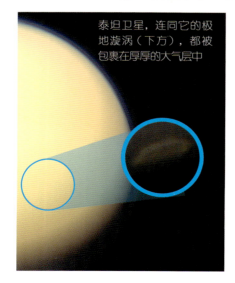

泰坦卫星，连同它的极地漩涡（下方），都被包裹在厚厚的大气层中

我们通常把金星称为"地球的邪恶双胞胎"，因为它的特征、演化时间都和地球相似，然而，在后来的演变中，它却变成了一个不宜居住的星球。不过，英国伦敦大学学院（UCL）的一个科学家团队却赋予了泰坦卫星"地球的邪恶双胞胎"称号，原因倒有几分别样。

土星最大的天然卫星是太阳系中唯一一个会下雨、表面有河流和海洋的地方，只不过它下的雨是液态碳氢化合物（如乙烷和甲烷），而不是水。这些记录是2005年惠更斯号探测器着陆后记录下来的，惠更斯号探测器是唯一一个成功在外太阳系星体上着陆的航天器。

英国伦敦大学学院的团队发现，泰坦卫星稠密的大气层中也有极地风，其运行方式与地球上的极地风很相似，它可以把约7吨的氮气和甲烷气体从泰坦的大气层中驱赶到外太空。火星和金星上也能形成类似的极地风，这也引出了一个问题：如果仅仅在太阳系中就有这么多与地球类似的星体，那么我们是不是很快就能寻找到另一个可以支撑生命的星球？

NASA 木卫二任务的目标是什么?

木星这个冰冷的天然卫星就是NASA进军的下一个目标

2015 年 5 月,获得美国联邦政府拨款后,美国宇航局就宣布了 2020 年木卫二任务,借助一系列科学仪器来调查整个冰冷的星球上是否存在潜在生命。木卫二是木星最大的天然卫星之一,鉴于它在各种科幻小说和电影中的出镜率,木卫二可以说是太阳系中最有名的星体之一。

木卫二不仅仅是我们从火星进入太阳系外层的一个踏板,在这个表面被冰层覆盖的星球上,已经有证据显示它地表下有地下海洋的存在。从很多方面看,木卫二与南极相似,它们几千米厚的冰层下方都有湖泊的存在。世界上有几个航天机构(包括美国宇航局在内)已经在南极进行了多年实验,所以木卫二对我们来说并不是一个完全陌生的环境。不仅如此,在几万年乃至几百万年都没有阳光照耀的次表层南极湖泊中,我们发现了生命迹象的存在。这就意味着,木卫二上也有可能存在生命。

目前提出的方案是,借助可以穿越木星强辐射带的耐用探测器,完成行程长达 6 亿千米的旅程。到达木星后,探测器将围绕木星运行,途径木卫二 45 次,并在距离木卫二地表上方 25 千米处进行扫描探测,确定冰层的厚度和地下湖泊的位置。如果侦察任务取得成功,科学家随后就可以执行登陆任务,并向冰层下发送探测器,确定是否有生命存在。

探索冰封世界

欧罗巴的首次探测任务会给我们带来什么信息呢?

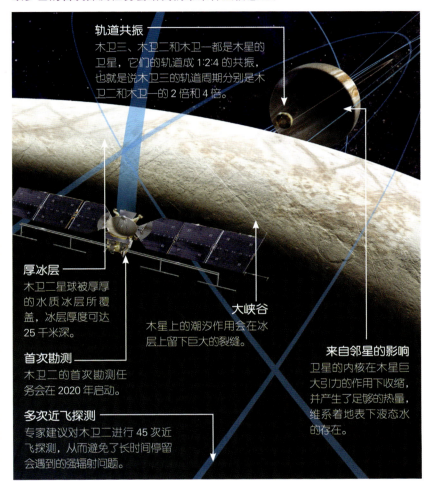

轨道共振
木卫三、木卫二和木卫一都是木星的卫星,它们的轨道成 1:2:4 的共振,也就是说木卫三的轨道周期分别是木卫二和木卫一的 2 倍和 4 倍。

厚冰层
木卫二星球被厚厚的水质冰层所覆盖,冰层厚度可达 25 千米深。

首次勘测
木卫二的首次勘测任务会在 2020 年启动。

多次近飞探测
专家建议对木卫二进行 45 次近飞探测,从而避免了长时间停留会遇到的强辐射问题。

大峡谷
木星上的潮汐作用会在冰层上留下巨大的裂缝。

来自邻星的影响
卫星的内核在木星巨大引力的作用下收缩,并产生了足够的热量,维系着地表下液态水的存在。

什么是鱿鱼探测器?

美国宇航局称这个探测器为"具有电动搜寻能力的软机器人探测器",这个水下探测器的概念受到了鱿鱼的启发,所以才有了这个引人注目的名字。毫无疑问,鱿鱼探测器长得也很像鱿鱼。

鱿鱼探测器会深入到黑暗冰冷的木卫二地下海洋深处,在这种环境下,任何核动力或太阳能动力的探测器都无法正常工作。鱿鱼探测器将利用两个类似触手的附属物来电解周围的水,同时产生氢气和氧气,为设备的推进系统提供燃料,并为通信和外星生命探测设备供电。

这个技术现在还只是一个概念,但是 NASA 目前正在全力推进研发工作。如果研发成功,鱿鱼探测器将会解决探测器因距离太阳过远而无法供电的问题。鱿鱼探测器还有可能成为未来地下海洋环境中的高效推进系统,帮助我们探索外太阳系中众多的地下海洋环境。

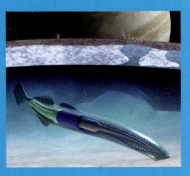

这种软体探测器可以在外太空的地下海洋中搜寻适宜生命居住的环境。

系外行星是如何被发现的?

一起来了解我们是如何发现外星世界的

据科学家推测,系外行星(太阳系以外的行星)早在我们首次确认它的存在之前,就已经存在几百年了。多年来,一直有人声称发现了系外行星,但是直到 1992 年,我们才真正确认了一颗被称为毫秒脉冲星的行星的存在。

此次观察借助了位于波多黎各的阿雷西博射电望远镜和开箱即用的思维检测技术,这也是我们现在探测外星世界的标准工具。不过事实上,只要借助一套专业天文观测工具,你在自家后花园里就能够对系外行星进行探测,特别是在黑暗的夜空。

由世界各地政府机构和组织运行的大型地面和空间天文台,迄今为止共确认了 2 000 多个系外行星的存在,大部分天文发现都是由太空望远镜在距离地球 150 万千米的位置发现的。哈勃望远镜在轨运行两年后首次确认了一颗系外行星的存在,虽然哈勃望远镜帮助确认了很多系外行星的存在,但它并不是最成功的系外行星猎手。最成功的当属美国宇航局的开普勒飞船,一个专门的外星世界探测器,由它确认的系外行星已经突破 4 500 个。

当然,目前为止,我们发现的系外行星数量只不过是沧海一粟。盖亚空间望远镜于 2013 年底发射,目标是要为我们绘制 10 亿颗恒星的太空蓝图,大约相当银河系百分之一的星体数量,同时也肩负着寻找这些行星所围绕的主星。考虑到银河系中每颗恒星都平均拥有一颗行星,要发现全部的系外行星,我们还有很长的路要走。

系外行星探测器

这些望远镜是我们探索外星世界的强大工具

开普勒空间望远镜
开普勒空间望远镜曾经因为自身故障对整个太空任务造成了致命威胁,尽管如此,它作为系外行星探测器还是很成功的,也是目前发现系外行星数量最多的空间望远镜。

哈勃空间望远镜
哈勃空间望远镜是系外行星探测的重要工具,但是由于它所应用的技术已经落伍,所以很快就会退役。

斯皮策空间望远镜
在对斯皮策空间望远镜的硬件进行微调后,这个红外线设备又被重新启用,用来进行系外行星探测了。

地面天文台
位于智利的欧洲南方天文台 (ESO) 拥有世界上最先进的地面望远镜。

"事实上,只要借助一套专业天文观测工具,你在自家后花园就能对系外行星进行探测,特别是在黑暗的夜空"

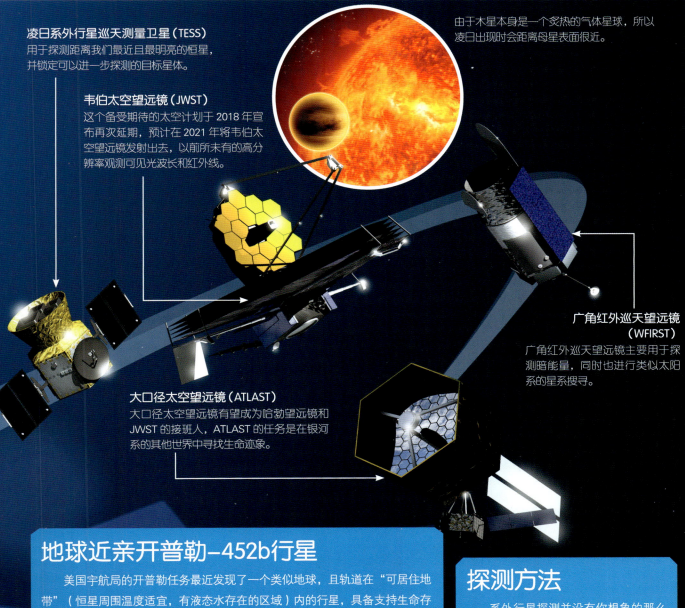

凌日系外行星巡天测量卫星（TESS）
用于探测距离我们最近且最明亮的恒星，并锁定可以进一步探测的目标星体。

韦伯太空望远镜（JWST）
这个备受期待的太空计划于 2018 年宣布再次延期，预计在 2021 年将韦伯太空望远镜发射出去，以前所未有的高分辨率观测可见光波长和红外线。

由于木星本身是一个炙热的气体星球，所以凌日出现时会距离母星表面很近。

广角红外巡天望远镜（WFIRST）
广角红外巡天望远镜主要用于探测暗能量，同时也进行类似太阳系的星系搜寻。

大口径太空望远镜（ATLAST）
大口径太空望远镜有望成为哈勃望远镜和 JWST 的接班人，ATLAST 的任务是在银河系的其他世界中寻找生命迹象。

地球近亲开普勒–452b行星

美国宇航局的开普勒任务最近发现了一个类似地球，且轨道在"可居住地带"（恒星周围温度适宜，有液态水存在的区域）内的行星，具备支持生命存在的条件。该行星被命名为开普勒–452b，直径比地球大 60%，被称为"超级地球"。目前开普勒–452b 的质量和构成还不明确，但之前的研究表明，按照开普勒–452b 的大小，该行星很有可能是由岩石构成的。开普勒–452b 虽然比地球大很多，但是由于它距离其母星开普勒–452 的距离比地球到太阳的距离远 5%，所以轨道周期比地球稍长，为 385 天。开普勒–452 的年龄有 60 亿年，比太阳还年长 15 亿年，温度和太阳相同，亮度是太阳的 1.2 倍，直径也超出太阳 10%。开普勒–452 星系位于距离地球 1400 光年的天鹅座。

开普勒–452b 是 NASA 在开普勒任务中发现的最新一颗与地球非常相似的行星。

探测方法

系外行星探测并没有你想象的那么简单，很多系外行星都距离我们数千光年，而且本身不发光。不仅如此，这些行星一般都围绕着恒星运行，也就是说，它们会被掩盖在恒星明亮的星光之下。天文学家已经开发了几种间接检测系外行星的技术，即通过天文观测来推断系外行星的存在。截止到目前，最成功的一项技术是凌日法，这种方法通过测试行星在经过其母星和地球之间时，母星光度的轻微下降，来判断系外行星的存在。虽然凌日法存在一定的局限，但目前三分之二的系外行星都是利用这种方法探测出来的。

什么是 太空沙拉？

如何在太空中种植蔬菜？

由于我们很难往国际空间站（ISS）派送新鲜水果和蔬菜，所以宇航员的食物都是预先包装的不易腐烂的食物。但是，在有了蔬菜生产系统，即 Veggie 空间实验室之后，情况就发生了改变。

宇航员在 Veggie 实验室中借助小枕包种植蔬菜，枕包里是缓释肥料和黏土状的土壤，也就是棒球场上所使用的那种土壤。宇航员将这些枕包放置在一个水库里，并插入一个芯管，将水分导入到土壤。植物种子被粘在这些芯管上，确保它们在零重力环境中朝着正确的方向生长，让根部深入土壤，茎叶从枕包上方长出。

实验室的顶部配有 LED 灯，为植物的光合作用提供光线，同时也为植物茎叶生长提供良好的方向感。灯光混合了红色光和蓝色光，因为这是植物最常使用的光色，但是由此产生的紫色色调让植物看起来十分暗淡，让人没有食欲。为了让作物看起来更加诱人，宇航员还可以启用绿色 LED，与红色和蓝色相融合后可以创造出更自然的白光。2014 年国际空间站收获了第一批蔬菜，为了安全起见，它们被送回到地球进行分析。蔬菜被批准食用后，宇航员种下了第二批作物，2015 年 8 月 10 日空间站上的 44 名宇航员第一次在空间站吃上了新鲜蔬菜。

Veggie系统

在国际空间站种植蔬菜不仅可以为宇航员提供所需的营养，而且有利于维护他们的心理健康。空间站上的这抹绿色可以缓解他们在死气沉沉的金属环境中的压力，帮助宇航员建立与生命体的联系。在执行深空小行星以及火星探测的任务中，这对宇航员来说至关重要。在小型宇宙飞船上，宇航员需要长时间待在有限的空间内，交流也就十分有限。如果有一小块需要他们照顾的土地，就可以帮助他们应对紧张孤立的环境，同时还可以为他们提供可持续的食物来源。Veggie 系统在地球上也十分有用，比如在气候炎热干燥的迪拜，人们也利用 Veggie 系统为植物提供稳定的生长环境。

国际空间站上收获和食用的首批蔬菜是红叶生菜。

太空食物的演变

1962—1964
首批太空食品是脱水后的糊状食物，需要从软管中挤出来，再利用唾液水化。

1965—1967

美国宇航局的双子座任务中首次提供了冻干餐，包括鲜虾盅和奶油布丁，可以通过将水注入食物包进行水化。

1968—1972
阿波罗任务上首次有了热水，让食物水化更加容易，宇航员也可以使用勺子用餐了。

1973—1979

"天空实验室"空间站配有一张餐桌、车载冰箱、食物加热托盘和 72 种不同的食物。

1980—1999
太空梭任务期间宇航员可以设计自己的菜单，并在车载烤箱内加热食物。

2000—今天

国际空间站的食物菜单包括冷冻、冷藏和常温食物，有时还可以享用由名厨做的饭菜。

土卫三上的 冰痕 是什么?

一起来了解土卫三上的火山口和神秘裂痕

土卫三主要由冰组成,轨道距离土星 295 000 千米,是土星的第五大卫星,临近土卫十三和土卫十四,后两者的直径都小于 52 千米,受土卫三重力作用的牵引,在各自的轨道上运行。土卫三虽然只是围绕着土星运行的 63 颗卫星中的一颗,但它的演变历程却很曲折。

土卫三一生中经历了无数次外星碰撞,所以它的表面看起来像海绵一样坑坑洼洼。土卫三上还有一个特别引人注目的火山口,被称为奥德修斯坑洞,约占整个星球表面的 5%。

美国宇航局卡西尼号探测器近期反馈回来的增强彩色图像重点突出了土卫三表面疤痕状的红色裂痕。这些裂痕是在火山口等现有的地貌特征上形成的,所以应该都很年轻。科学家们还不确定造成这些奇怪的红色疤痕的具体原因,但有一种理论认为,它们是冰中的化学杂质造成的。

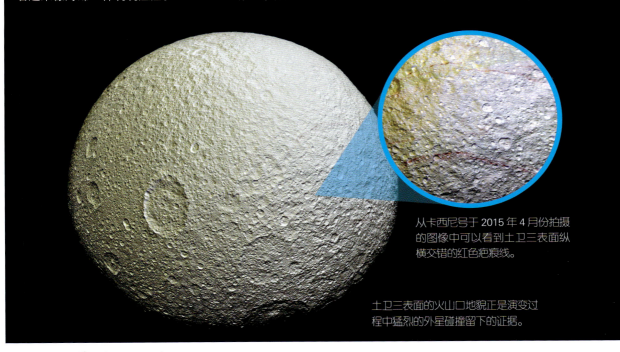

从卡西尼号于 2015 年 4 月份拍摄的图像中可以看到土卫三表面纵横交错的红色疤痕线。

土卫三表面的火山口地貌正是演变过程中猛烈的外星碰撞留下的证据。

水熊虫 是如何在太空中生存的?

来看看这个能在外太空存活下来的动物

这种节肢动物强大到足以应付任何极端环境。水熊虫体型小而坚硬,身长只有 0.5 毫米,从极寒之地南极,到压力极高的海底,我们可以在任何地方找到它的身影。不仅如此,从绝对零度到 150℃,它们可以在没有任何食物或水分的条件下存活十年以上。科学家们称这种顽强的生物为极端生物。

自身条件如此强悍,水熊虫自然就成了"宇航员"的绝佳选择。2007 年,首批水熊虫乘坐欧洲太空总署的 Foton–M3 号飞船进入太空。事实证明,它们经受住了外太空的超低气压、寒冷的气温和足以破坏 DMA(存储器)的强辐射等极端条件。为期 10 天的太空之旅结束后,它们身上只有轻微的磨损痕迹。水熊虫于是便成了首个能在外太空环境中存活的生物。之后第二批水熊虫再次登上 NASA 的奋进号航天飞机抵达国际空间站。作为 BIOKIS 项目的一部分,宇航员希望进一步了解,在极端的外太空条件下,水熊虫是如何进行自我保护的。

水熊虫也被称为缓步动物,是生命力十分顽强的动物。

外太空的温度有多极端？

太空中的最高温度有多高？最低温度有多低？极端温度出现在哪里？

绝对零度（-273.15℃）
绝对零度是太空环境可能出现的最低温度。

宇宙

银河系
-272℃/-458℉
太空中的"冰箱"
月布莫让云距离地球 5 000 光年，是银河系中最冷的地方。

太阳系
-240℃/-400℉
月坑
月球上的温度本来就很低，但是月球表面有些陨石坑长年没有阳光照射，温度保持在 -240℃以下。

华氏度
-400......
-328

冥王星的"冰心"

在新视野号上的远程勘测成像仪（LORI）在距离冥王星 45 万千米的地方拍摄了 4 张照片，组合起来的冥王星复合彩色图像为我们揭示了一些有趣的现象。照片上，呈心形的 Tombaugh 地区（名字来自 1930 年发现冥王星的天文学家）分成了两部分，造成这一现象的原因可能是 -223℃的低温让氮气凝固成雪片状沉下来，并在冰川中从该地区的一侧流到另一侧，从而把该地区一分为二。新视野号的控制团队还认为，该地区是冥王星上的天然冰库，支撑着地球上的地质和大气活动。

-48℃/-54℉
最冷的棕矮星
亚恒星上的温度有时会非常低，距离我们 7.2 光年的这颗棕矮星上的温度只有 -48℃。

物质元素
-272.2℃/457.96℉
最低凝固点
氦气在接近绝对零度的时候依然保持液态。

地球
450皮开尔文
有记录的最低温度
麻省理工学院的一组科学家将钠气冷却到了绝对零度以上开尔文量级温度。

-93.2℃/-135.8℉
地球上最冷的地方
这个温度是 NASA 的卫星在南极洲东部测量到的，并不是官方的吉尼斯世界纪录。

航天技术

-40℃/-40℉
平衡点
这个温度下摄氏温标和华氏温标所显示的数值是一样的。

-38.83℃/-37.89℉
水银凝固点
南极洲处在寒冬的时候，温度计就无法使用了。

℃
-250
-200
-150
-100
-50
-40

200
148
-40
0
32

0°

0°

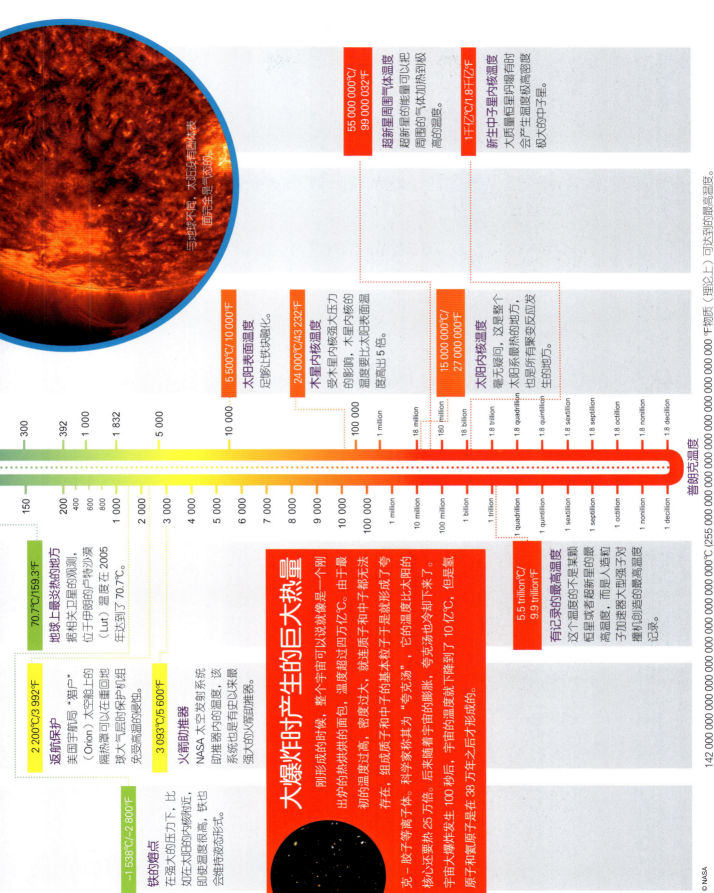

与地球不同，太阳没有固体表面。太阳完全是气态的。

55 000 000℃/99 000 032℉
超新星周围气体温度
超新星爆发的能量可以把周围的气体加热到极高的温度。

1千亿℃/1.8千亿℉
新生中子星内核温度
大质量恒星坍塌有时会产生温度极高的中子星。

5 500℃/10 000℉
太阳表面温度
足够让铁块熔化。

24 000℃/43 232℉
木星内核温度
受木星内核强大压力的影响，木星内核的温度要比太阳表面温度高出5倍。

15 000 000℃/27 000 000℉
太阳内核温度
毫无疑问，这是整个太阳系最热的地方，也是所有聚变反应发生的地方。

普朗克温度

−1 538℃/−2 800℉
铁的熔点
在强大的压力下，比如在太阳的内核附近，即使温度很高，铁也会维持液态形式。

2 200℃/3 992℉
返航保护
美国宇航局"猎户"（Orion）太空舱上的隔热罩可以在重回地球大气层时保护机组免受高温的侵蚀。

70.7℃/159.3℉
地球上最炎热的地方
据相关卫星的观测，位于伊朗的户特沙漠（Lut）温度在2005年达到了70.7℃。

3 093℃/5 600℉
火箭助推器
NASA太空发射系统助推器内的温度，该系统也是有史以来最强大的火箭助推器。

大爆炸时产生的巨大热量

刚形成的时候，整个宇宙可以说就像是一个刚出炉的热烘烘的面包，温度超过四万亿℃。由于最初的温度过高，密度过大，就连质子和中子都无法存在。组成质子和中子的基本粒子就形成了"夸克-胶子等离子体"，科学家称其为"夸克汤"，它的温度比太阳的核心还要热25万倍。后来随着宇宙的膨胀，夸克汤也冷却下来了。宇宙大爆炸发生100秒后，宇宙的温度就下降到了10亿℃，但是氢原子和氦原子是在38万年之后才形成的。

5.5 trillion℃/9.9 trillion℉
有记录的最高温度
这个温度的不是某颗恒星或者超新星的最高温度，而是人造粒子加速器中大型强子对撞机创造的最高温度记录。

142 000 000 000 000 000 000 000 000 000 000℃（255 000 000 000 000 000 000 000 000 000 000 000℉物质（理论上）可达到的最高温度。

国际空间站的宇航员如何紧急撤离？

　　紧急情况下，国际空间站上的宇航员可以乘坐联盟号（Soyuz）避难或返回地球。国际空间站上始终会备有 1 ~ 2 个联盟号太空船，每艘飞船最多可容纳 3 人。国际空间站在 1998 年发射后，机组人员还未遇到过需要紧急返回地球的情况。2015 年 1 月，空间站发生了疑似氨泄漏的情况，迫使美国宇航员到俄罗斯区域临时避难。如果空间站距离太空碎片过近，存在碰撞的潜在危险，宇航员也需要紧急转移到联盟号避难。这种情况发生过 3 次，但是真正的碰撞并没有发生。

太空中有声音吗？

　　声音以声波的形式存在，可以在空气中传播。但是太空中没有声波可以借以传播的空气。然而，美国宇航局的一位物理学家却在 2013 年的时候宣布，他在星际空间里记录到了声音。电子在穿过等离子体时会产生电磁振动，而唐·加奈特所使用的仪器恰恰可以记录到这种电磁振动。它们并不是声波，但是它们发出的脉冲声频率却和声波类似。加奈特希望借助该仪器找到旅行者 1 号离开日光层的证据。得益于太阳风暴，该仪器可以捕捉到低至 300 赫兹的声音，一旦有可辨别的声音从里面经过，就可以被记录下来。旅行者 1 号一旦离开了日光层，开始在星际介质中飞行，那么它的声波就会变为 2 ~ 3 000 赫兹，因为星际介质的密度更大。尽管太空中没有真正的"声音"，但是只要你具备一定的知识和正确的仪器，就可以听到特定的声音。

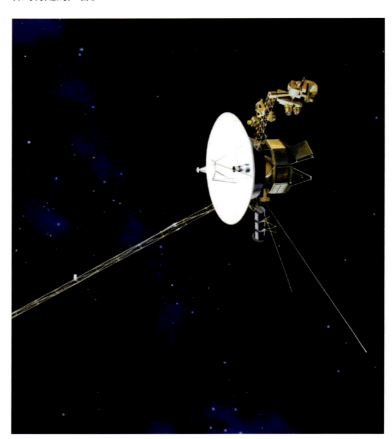

我们如何测量与其他星系的距离？

　　天文学家通过测量恒星的亮度来计算我们同其他星系的距离。最简单的方法是找到一种名为造父变星的特殊恒星，这种恒星的亮度会随时间而变化。美国天文学家勒维特在 100 多年前就发现了造父变星亮度变化的真相。我们可以通过比较造父变星的真实亮度与它在地球上被观察到的亮度差异，来计算它到地球的距离。1923 年，埃德温·哈勃就是使用这种方法，首次精确计算出了仙女座星系到地球的距离。

如果我们无法看到暗物质，又如何确认它真的存在？

尽管没有人看到过暗物质，但天文学家却可以通过它对其他物体的引力，检测到暗物质的存在。暗物质具有质量，但不会发射或吸收电磁辐射，所以无法用望远镜看到它。不过遥远星系的运动表明，某种质量非常大的物质通过对它们施加引力，改变了这些星系的运动轨迹。我们对暗物质知之甚少，但有些人认为它可能是由一种称为WIMP（弱相互作用的大质量粒子）的新型亚原子粒子所组成的，只不过目前为止还没有实验能够证明暗物质的存在。

我们为什么感觉不到地球的旋转？

你可以的！地球的旋转会产生一个向上的离心力，可以部分抵消向下的重力，帮助我们维持平衡，但是这个离心力非常微妙。在赤道地区，你的重量要比在两极地区少0.346%，大约250克的差异。地球的旋转还造成了科里奥利效应，这种效应造成风在北半球和南半球向相反的方向偏转。英国的西风或西南风就是由科里奥利效应引起的，换句话说，当来自西方或西南方的风从你脸上吹过时，那种感觉就是地球的旋转带来的。

如果太阳灭亡了，人类还能活多久？

如果太阳突然灭亡了，地球就会在几周或几个月内变成一个寒冷、黑暗、没有生命的星球。没有了来自太阳的能量，植物就无法进行光合作用，所有的植物都会在几周内灭绝。地球表面的温度也会下降，几天之内就会降到冰点以下。一旦没有了植物，那么以植物为食的动物也会灭绝。如果能够忍受住寒冷，那么包括人类在内的肉食动物还可以勉强幸存一段时间，但食物很快就会耗尽。所有动物都灭绝后，人类还能存活多久就要完全取决于我们的聪明才智和科技水平了。比如说，核聚变反应堆或许可以帮助我们维持一段时间。但事实是，距离太阳灭亡还有几百万年的时间。太阳在灭亡之前，自身强度会增加，同时将地球上所有的水分都蒸发掉，地球上的生命也就随之灭亡了。

为什么白天我们也能看到月亮？

　　除太阳之外，月亮就是天空中最明亮的星体了，它对太阳光有着极强的反射能力，可以穿透散射在天空中的蓝光。虽然表面上看太阳在东方升起，而月亮在西方落下，但实际上，只有在满月的时候，太阳和月亮在天空中的位置才是相对的。理论上，我们在白天一般都可以看到月亮，除非是它离太阳太近（在新月的时候），或者距离太阳太远（在满月的时候）。

被困在月球的宇航员可以存活多久？

　　被困在月球的宇航员到底能存活多久，主要取决于他们所携带的物资，尤其是氧气。普通人在没有食物的情况下可以存活数周，在没有水的情况下可以存活 3 天左右，但是如果缺少氧气，短短 16 分钟就会对大脑造成无法挽回的损害，缺氧 30 分钟就会导致死亡。迄今为止执行月球任务时间最长的是阿波罗 17 号，在这期间，宇航员共在月球表面停留 75 个小时。如果他们的着陆器无法成功返回轨道，他们携带的氧气就只能维持几天的时间。如果要在月球表面执行更长时间的任务，宇航员可能会通过融化隐藏在月球陨石坑深处的冰块来提取水分和氧气，帮助他们存活更长的时间。

宇宙中最小的物体是什么？

　　在到达尺度表上的最小值之后，我们就无法再衡量尺寸的大小了。但是科学家认为，宇宙中所有物体的最小尺寸都是普朗克长度，大概为十亿分之一的十亿分之一厘米。

星星为什么会闪烁?

星星的亮度变化时，就会出现闪烁。

天文学家将这种现象称为大气闪烁，它是由大气中的运动引起的。具体来说，大气温度的变化会引起空气密度的小幅波动。星光在穿过大气层时，会被折射，或略微改变方向，从而产生闪烁的效果。我们在接近地平线的地方观察恒星时，大气闪烁现象

会更加明显，因为地平线附近的大气层更厚。

天文学家通过在最精密的望远镜上使用特殊的自适应光学系统来弥补大气闪烁造成的观察偏差。使用像哈勃这样的天基观测站也可以在不受大气闪烁影响的情况下观察恒星和其他天体。

第五章 交通

我们 以后 怎么上下班?

来看看改变未来出行方式的尖端科技

假设我们每天上下班平均花费的时间是 60 分钟，那么我们一生中有几年的时间都是在上下班的路上度过的。不管你是乘坐汽车、火车，还是飞机，都有可能因为交通堵塞、人为或技术错误而造成延误，而且还要花费高额的交通费。

不过，这个每天都让人头疼的问题即将得到解决。得益于众多新技术的诞生，通过改善现有运输系统，并引入全新的交通方式，在未来 50 ～ 100 年内，我们的交通系统在速度和安全上会得到飞跃性的提升。公交系统会更加快速便捷，胶囊型运输在技术上也会更加成熟，可以将 3 小时的城际交通缩短到 30 分钟。

随着绿色交通工具的诞生，未来的出行也会更加环保。电动和混合式动力发动机会成为轿车的主流选择，同时也会广泛应用到其他交通方式，如摩托车、公共汽车甚至是直升机。绿色出行可以减少排放量，而且也不必再依赖于不断减少的石油资源来为各种运输方式提供动力支持。事实上，有些交通工具甚至还可以产生多余的能量！

当然，不管是现在还是将来，电力都不是汽车的唯一绿色动力来源。新型出行方式还包括伊隆·马斯克的超级高铁和以色列的"天行者"空中磁悬浮汽车系统。此外还有英国已经在运行的生物公交车，该公交系统往返于英国巴斯市和布里斯托尔市，靠燃烧人类排泄物产生的生物甲烷气体发电！

不管从哪方面来看，你都无须为未来的上班族发愁。他们可以有更多的时间放松自己，坐在他们的自动驾驶汽车里喝杯咖啡，或者在空中的悬浮列车舱里躺一会儿。如果路上还有时间，还可以畅想下未来交通方式的演变，当然，要当心列车和站台之间的缝隙！

无人驾驶"豆荚车"

这些小型电动车采用与其他无人驾驶汽车项目相同的冷却技术，使用传感器、激光雷达和导航设备，在道路上行驶，将 1 ～ 2 名乘客自主运送到目的地。无人驾驶"豆荚车"现在已经在英国牛津和米尔顿凯恩斯等几个城镇进行试用了。

无人驾驶"豆荚车"已经成为无人驾驶领域的领跑者。

新型地下交通系统

地铁系统是伦敦的重要交通网络，伦敦交通局也在努力改善乘客的出行方式。皮卡迪利地铁线上已经有全新列车在运行，贝克鲁线、中央线、滑铁卢线和城市线不久之后也都将陆续推出。

新列车都将配备空调，让乘客的出行更加舒适，另外步行车厢可以在高峰期增加额外空间。线路上的信号指示系统也会升级，减少路上的延误。

全新设计的地铁致力于为乘客提供更加快速便捷的出行服务。

零排放摩托车

摩托车可以乘坐 1～2 人，在交通拥挤的城市街道上，是很多人的理想选择，不过摩托车和汽车一样，都会对环境造成污染。随着电动汽车的不断推广，相同的技术也一样可以应用在摩托车上，推出环保的电动摩托车。有些型号的摩托车充电一次可以行使 300 千米，足够人们在交通繁忙的城市街道上放心穿梭了。

打造更好的公交系统

　　快速公交系统（BRT）被视为城市交通发展的未来。该系统旨在以经济有效的方式在繁忙的都市为市民提供出行服务，BRT 车辆使用公交专用车道，与其他车道实行分离，可以有效减少因交通堵塞造成的延误。所有的公交车站台都与公交车的乘车高度相同，便于轮椅和婴儿车上下。乘客还可以通过电子方式预付车费，大大减少了公交车在站台的停靠时间。以上措施都可以提高公交车出行的速度，避免让乘客浪费过多不必要的时间。

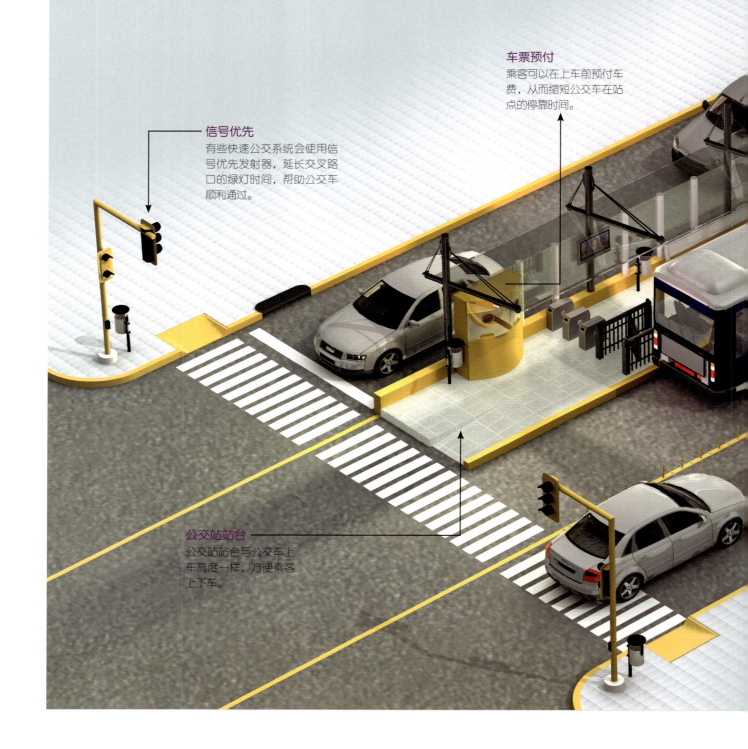

车票预付
乘客可以在上车前预付车费，从而缩短公交车在站点的停靠时间。

信号优先
有些快速公交系统会使用信号优先发射器，延长交叉路口的绿灯时间，帮助公交车顺利通过。

公交站站台
公交站站台与公交车上车高度一样，方便乘客上下车。

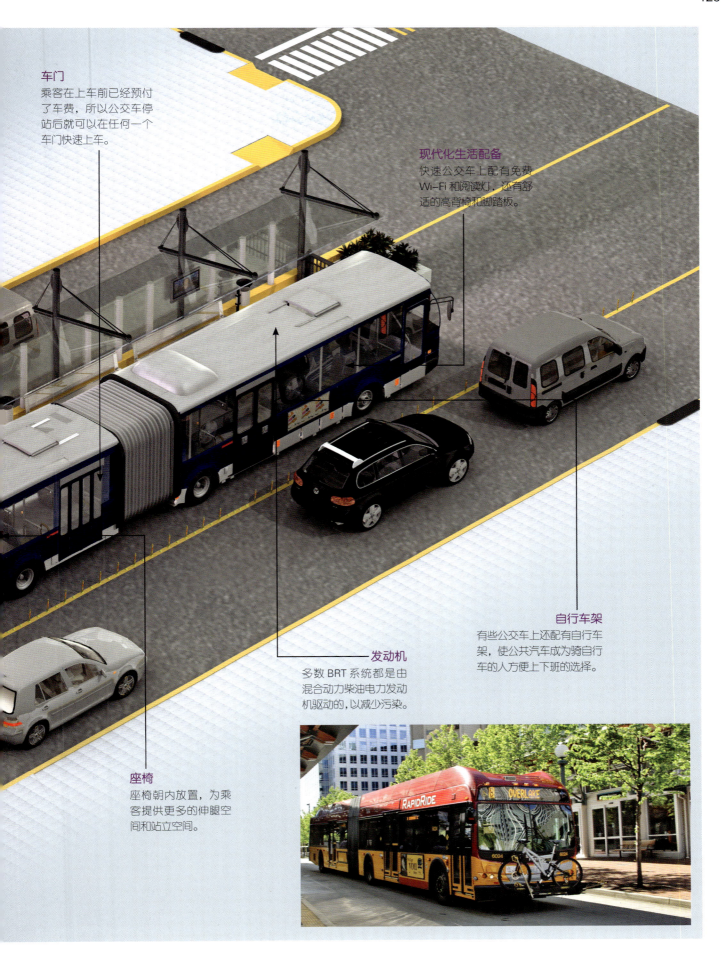

车门
乘客在上车前已经预付了车费，所以公交车停站后就可以在任何一个车门快速上车。

现代化生活配备
快速公交车上配有免费Wi-Fi和阅读灯，还有舒适的高背椅和脚踏板。

自行车架
有些公交车上还配有自行车架，使公共汽车成为骑自行车的人方便上下班的选择。

发动机
多数BRT系统都是由混合动力柴油电力发动机驱动的，以减少污染。

座椅
座椅朝内放置，为乘客提供更多的伸腿空间和站立空间。

超级环

在人类出行方式的革新方面，埃隆·马斯克迷恋的不仅是电动特斯拉（Tesla）或 SpaceX 火箭，他最伟大的一个想法是创建超高速列车 Hyperloop（超级环）。这个颇具未来气息的"管道运输"概念列车既可以输送乘客，也可以运输货物，而且从旧金山到达 600 千米外的洛杉矶只需要 35 分钟。超级环的设计有别于传统列车，形状类似胶囊，而且在管道中运行，速度可接近音速。要在旧金山和洛杉矶之间建成超级环，需要对 Hyperloop 的运输管道进行减压处理，从而减少列车运行时来自大气的强大阻力。马斯克最终排除了使用完全真空，

因为真空本身很难维持，一旦管道中出现微小的裂缝，整个运输系统就得被迫停止。

胶囊舱上会配备类似滑雪板的铝质固定装置，通过它们泵送高压空气，帮助胶囊舱室悬浮在空气垫上，原理类似于空气曲棍球台。这些滑雪板装置将在整个管道内的直线感应电机轨道上运行，并根据相应的指令对胶囊舱进行加速或减速控制。

如果项目测试取得成功，那么不久之后，这种不仅快速而且运营成本也不高的运输方式就可以问世了。Hyperloop 也将成为人类交通史上最振奋人心的技术进步。

超级环内部构造

来看看伊隆·马斯克的超级高铁是如何快速高效地运输乘客的

运输管道
Hyperloop 的运输管道会悬浮在空中，并用柱子做支撑，另外还会加入减震器，用于防震。

乘客
每个胶囊舱可以容纳 28 名乘客，座椅类似飞机座椅。

直线加速器
Hyperloop 借助直线电机产生电磁力，推动胶囊舱在管道中前进。

空气垫
每个胶囊舱都悬浮在对应的空气垫上，可以有效减少摩擦。

管道压力
降低后的压力，大约是海平面气压的千分之一，确保将行驶舱在运行时遇到的空气阻力降到最低。

设计
SpaceX（美国太空探索技术公司）目前召集了一批工程师在设计胶囊舱，之后会在 Hyperloop 的测试轨道上试运行。

空中的士

　　未来的空中运输工具可不是只有私人直升机。美国 SkyTran 公司目前正在以色列开发一个试点项目,利用单轨式系统和悬浮在距离地面 6～9 米处的高空悬浮舱,为乘客提供高速、低成本的运输服务。乘客在智能手机的应用程序上就可以将悬浮舱呼叫到指定车站,悬浮舱会将他们带到想去的地方。该系统利用磁悬浮技术,借助导轨中的磁铁将双人吊舱悬浮在空中,减少因直接接触轨道造成的摩擦。这项尖端技术由美国宇航局的艾姆斯研究中心所研发,吊舱在移动时会自动悬浮,也就是说,整个系统只在起步和停止时需要动力供给。不久之后,一条长达 500 米的测试轨道会在以色列汽车空间工业园区建成,轨道建成后,吊舱的运行速度可达到每小时 70 千米。如果试验成功,这种全新的运输方式将首先建在以色列的特拉维夫市,随后推广到世界各地。

太阳能
Hyperloop 系统在运输管道顶部安装了太阳能电池板。

速度
胶囊舱在管道中运行的速度接近声速,最快可达到每小时 1 223 千米。

空气压缩机
每个胶囊舱前面都会安装一个超大的压力通风机,用于将空气疏导到胶囊舱的后面,或者直接排出舱外。

私人直升机

　　如今,世界各地的交通都异常繁忙,而在巴西,富人们为了避免地面上拥堵的交通,都去乘坐私人直升机出行。这也说明为什么像 Volocopter 这样的新颖设计会受到越来越多城市精英的欢迎。Volocopter 是可以同时载送两名乘客的电动直升机,它的新颖之处在于能够垂直起飞和降落,因此在空间紧张的城市颇有优势。Volocopter 由电动马达驱动,比传统的直升机更安静,也更环保。由于不需要内燃机,所以也不会像传统直升机那样产生振动和噪音,可以为乘客提供更加舒适的出行。

德国公司 e-volo 的 Volocopter 是一款电动垂直起落飞机。

什么是 AirBoard 飞行器？

一起来认识世界上最小的单人飞行器

你是不是一直渴望能够飞行，却没有时间或金钱接受飞行员培训？ AirBoard 飞行器可以满足你的愿望。AirBoard 是世界上最小的单人飞机，借助强大的电池可以承载一个人的重量飞行。AirBoard 被归类为超轻四轴飞行器，体积很小，可以放入汽车的后备厢中。

它的驱动系统是四个高速电动马达，每个马达驱动一个对应的螺旋桨。驱动系统由英特尔处理器芯片管理，该处理器芯片还集成了地面碰撞传感器，让飞行器保持在安全高度。AirBoard 进入户外后，会自动开启地面防碰撞系统。无论是在城市还是农村，四轴飞行器可以在几乎所有的区域上空飞行，包括雪原、水域、岩石地区以及城市街道。

AirBoard 易于控制，驾驶人只需要通过身体的倾斜就可以控制飞行方向。 为了安全起见，飞行器的飞行高度最好不要超过 1.5 米。 AirBoard 是很好的娱乐工具，但是在紧急搜索和救援服务以及军事间谍活动中，AirBoard 也可以发挥它独有的优势。

超轻四轴飞行器

一起来了解 AirBoard 的技术构造

英特尔处理器
英特尔处理器作为整个系统的"大总管"，可以保证 AirBoard 以节能的方式高效运行。

展开尺寸
AirBoard 在飞行时的展开尺寸为 190 厘米 x 150 厘米，长 180 厘米。

降落伞
为预防紧急情况出现，可以在 AirBoard 的四个角上配备降落伞。

动力系统
AirBoard 的飞行动力来自四个由高速电动马达驱动的螺旋桨，总功率为 40 千瓦。

闭合尺寸
闭合后，AirBoard 的尺寸只有 80 厘米 x 110 厘米，长 140 厘米，可以放在汽车里携带。

主体
AirBoard 的主体框架使用铝和碳纤维，既轻便又坚固。

导航
AirBoard 上配有 GPS 和指南针，确保乘客不会迷路。

其他配置
AirBoard 上还有内置蓝牙，可以连接智能手机、平板电脑，以及其他相关应用程序。

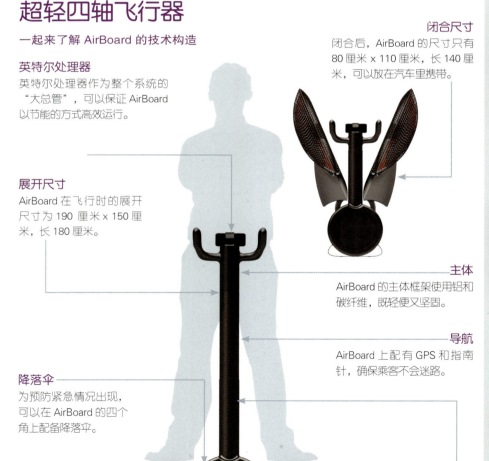

各种型号的飞机

飞机不是越大越好

Messerschmitt Me-328
虽然一直停留在原型阶段，但至今为止它仍是世界上最小的脉冲式喷射发动机战斗机。

Bumble Bee II
总长 2.7 米，是《世界吉尼斯纪录》中记录的世界上最小的飞机，不幸的是，该飞机在 1988 年毁于一场事故。

Bede BD-5
是世界上最小的民用飞机，1971 年首次飞行。虽然总长只有 3.8 米，Bede BD-5 最高时速却可以达到 483 千米。

XF-85
XF-85 和 Me-328 一样，都是寄生战斗机原型，XF-85 Goblin 是有史以来最小巧的喷气战斗机。飞机上配备四台机枪，所以总重量达 2 050 千克，比一般的民用飞机要重很多。

停车计时器 是如何工作的?

来看看它们是如何一天24小时为我们提供停车服务的

1935 年，美国俄克拉何马州安装了第一台停车计时器。随着汽车日渐成为我们的主要交通工具，停车计时器现在也已经遍布世界各地。在英国，单是沿街停车就可以创造每年 7.62 亿美元的收入。

如果是现金支付，停车计时器会利用预设程序来识别投入的硬币，包括对硬币进行称重，使用电流或激光测试硬币的物理性质等，程序还可以识别硬币的金属材质。

在美国，为了简化程序，停车计时器只接受一种币值的硬币，一般是 25 美分的硬币。美国的停车计时器通常只监控一个区域，而现代的计时器则是借助特殊传感器来对特定车位进行监控，一旦车位被腾空，计时器就会归零，以防后面停进来的汽车免费使用上辆车的付费时间。单个停车计时器现在大多已被现代的自助停车系统所取代，后者占用空间较小，而且还可以使用太阳能。

现在越来越多的停车计时器都支持电子支付，有的甚至可以使用预先载入的智能卡。

© Science Photo Library

空中喷洒 是怎么操作的?

百万美元的飞机帮我们的农场抵抗虫草危害

从 20 世纪初开始，空中喷洒或者作物喷粉已经成为农作物种植的有效方式，喷洒所用的飞机每天都会在农田上空盘旋 30 ~ 100 次。空中喷洒最初使用的是气球和双翼飞机，但是在 2015 年，人们在飞机上安装了 GPS 和相关应用系统，可以均匀地对农作物喷洒农药。另外，飞机还可以用于应对森林火灾，防治蝗虫。由于缺少飞机着陆带，所以进行空中喷洒的飞行员需要具备至少 250 个小时的飞行经验。

使用飞机喷洒可以避免由拖拉机的车轮带给土地的伤害，从而保证作物产量。不过现在人们的担忧是，田里的害虫开始对喷洒的农药产生警惕，都隐藏在农作物的深处了。针对这一问题，空中喷洒现在都改在夜间害虫出来活动的时候进行。

© Mikael Buck/Rex Features, LuckyBusiness/Dreamstime; Thinkstock

游轮 里面都有什么?

来看看新型超级游轮上有哪些让人惊叹的技术

游轮越来越大,有的甚至能够容纳整个小镇的人口。皇家加勒比国际邮轮公司是水上酒店建造领域的领军者,他们建造的"海洋魅力号"和"海洋绿洲号"都是水上酒店界的佼佼者。当然,在让游轮越来越大的同时,他们也在努力使其更加智能,最新的游轮上都引入了现代技术来提升乘客体验。"海洋量子号"和它的姐妹船"海洋圣歌号"虽然只是世界排名第三的游轮,但是游轮上各种装置和设备却让它们与众不同。游轮上配有机器人调酒师、虚拟阳台,还有一系列有趣的艺术活动,让那些科技爱好者可以在游艇上度过一个理想假期。

高92米
乘客站在"北极星"观景舱上可以与自由女神像平视。

在游轮的甲板上学习冲浪

这艘游轮的长度是波音747的5倍
长347.8米

① 机器人系统显示屏
游轮尾部的大型场地被称为TW070°,其落地玻璃幕墙可以为乘客提供270度的全景视野。到了晚上,18台投影机会将12K分辨率的场景投射到窗户上,为乘客提供一个全新的空间。6个2.5米长的机器人屏幕可以通过单独或统一移动,实现更加精彩的表演。

② 冲浪模拟器
强大的FlowRider冲浪模拟器可以以每小时48 ~ 64千米的速度每分钟输出272 800升水。即便周围的大海平静无波,乘客照样可以冲浪。

③ 跳伞模拟器
这是世界上第一个海上跳伞模拟器,你可以不用借助飞机就能体验到刺激的自由落体。7米高的垂直风洞里配有一个风扇,能够制造每小时209 ~ 282千米的风速,形成一个可以漂浮在上面的气垫。

④ 游轮度假管家
登船以后,你就可以使用免费的Royal iQ(皇家智能)应用程序追踪行李去向,查看行李什么时候送到你的客舱。其原理是,你行李上的RFID(射频识别)标签可以使用电磁场传输行李当前位置的数据,Royal iQ就通过跟踪该标签来锁定行李的位置。另外,Royal iQ还可以为你提供船上和船外的活动信息,帮助你安排行程。

4 694制动马力

游轮上配有 4 个船首推进器，每个可以产生 6 个 F1 赛车的等效马力。

北极星一次可以承载 14 位游客

安装在游轮上的摄像机可以捕获游轮上的一切动态，并将画面实时更新到虚拟阳台。

"先进技术的引入提高了乘客的乘船体验"

40.7千米/小时

时速可达到 22 节，比牙买加"飞人"运动员尤塞恩·博尔特的平均速度还快。

⑤ **与外界同步**

你可以使用船上的超快速互联网与朋友和家人保持联系。科技公司 03b Networks 发射的卫星会直接向船上发射信号，为"海洋量子号"游轮提供了无与伦比的带宽。乘客可以上传照片和流媒体视频，甚至可以在 Xbox Live 中与全世界的玩家进行竞争。

⑥ **机器人酒吧**

在高科技仿生酒吧，机器人取代了人类调酒师。你可以通过平板电脑上的应用程序点单，从菜单中选择或从一长串配料中自助调配。机器人会用它的手臂模仿人类调酒师的动作进行摇晃和搅拌为你制作饮品。

⑦ **观景舱**

在"北极星"观景舱上，乘客可以俯瞰整个游轮，欣赏周围的景色。顶层甲板上的玻璃吊舱可以将乘客升至海平面以上 91 米的高度，为乘客提供 360 度观景体验。

⑧ **虚拟阳台**

即使你没有足够的经济能力享受到带有阳台的外部舱室，仍然可以在房间里欣赏到壮丽的景色。游轮的内舱中设有虚拟阳台，借助两米宽的高清 4K LED 屏幕向乘客实时展示外面的景观和声音。

双离合 变速箱的原理是什么?

来看看为什么现在的超级跑车都使用双离合变速箱

现在的超级跑车速度越来越快,3秒钟之内就可以提速到每小时100千米。但是制造商们仍在寻求速度上的突破,近年来他们关注较多的就是变速箱,因为快速换挡可以保证跑车在提速到每小时100千米的同时保持线性动力输出。

为了实现超快速换挡,保时捷、奥迪和兰博基尼等制造商都生产出了复杂而精致的"双离合器"半自动变速箱,大大缩短了升挡和降挡所需的时间。该技术将变速箱有效地分成两部分,分别在两个输入轴末端安装一个同心离合器。奇数齿轮在一个轴上,偶数齿轮在另一个轴上。在选择新档位时,跑车的车载计算机会根据驾驶风格和条件预先选择另一个车轴所需的下一个档位,因此在换挡操作时,齿轮只需要几毫秒的时间就可以与动力传动系统进行接合,确保发动机可以快速有效地将动力输送到车轮上。

双离合变速箱内部结构

一起来了解保时捷911双离合变速箱的工作原理

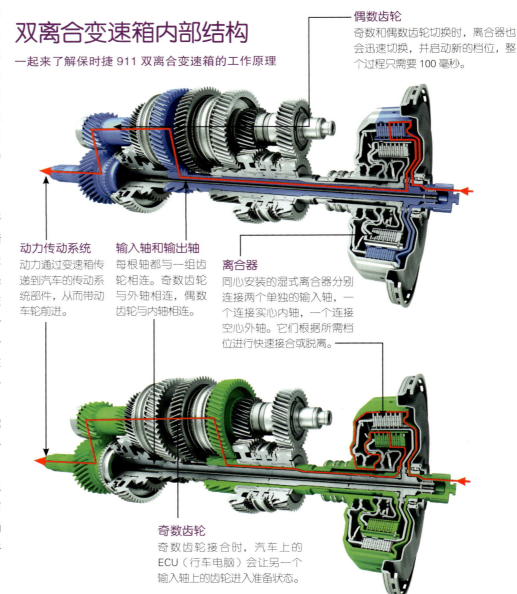

偶数齿轮
奇数和偶数齿轮切换时,离合器也会迅速切换,并启动新的档位,整个过程只需要100毫秒。

动力传动系统
动力通过变速箱传递到汽车的传动系统部件,从而带动车轮前进。

输入轴和输出轴
每根轴都与一组齿轮相连。奇数齿轮与外轴相连,偶数齿轮与内轴相连。

离合器
同心安装的湿式离合器分别连接两个单独的输入轴,一个连接实心内轴,一个连接空心外轴。它们根据所需档位进行快速接合或脱离。

奇数齿轮
奇数齿轮接合时,汽车上的ECU(行车电脑)会让另一个输入轴上的齿轮进入准备状态。

手动变速箱VS 自动变速箱

驾驶爱好者肯定更喜欢手动换挡的感觉,但随着汽车越来越快,动力系统越来越强大,自动变速箱一定会成为未来的发展趋势。其原因有三个:首先,自动变速箱不仅换挡快,而且更加经济,因为车载电脑可以自主选择合适的档位,从而减少油耗,而驾驶员可能会忘记根据这些参数去换挡。另外,还有安全和舒适这两种因素,随着汽车动力的提升,相应地就需要更大的离合器将动力传递到变速箱,这通常会导致跑车离合器踏板过重。自动变速箱不需要使用离合器踏板,这省去了驾驶员左腿操作的负担,可以更加舒适地驾车!

什么是 无人驾驶船舶？

世界首艘无人驾驶船舶起航时只有一架无人机相伴

"五月花号无人驾驶科研船"（MARS）的名字来自历史上将清教徒移民带到美国的"五月花号"横帆船。MARS 的动力来自可再生风力、海流和太阳能，使用 GPS 和船载防撞系统进行导航，未来计划重走历史上著名的"五月花号"航海路线。

MARS 双帆航行的速度可达到每小时 37 千米，不过在海面平静的时候，双帆会收起来，便于太阳能板吸收更多的阳光。太阳能板为电动机储存能量，可以带动船舶以每小时 23 千米的速度前进。

这艘船将使用机载无人机收集气象、海洋和气候数据，并将于 2020 年也就是"五月花号"出行 400 周年时，在英国普利茅斯起航，需要 7 ~ 10 天穿越大西洋。

MARS 由普利茅斯大学、船舶制造商 Shuttleworth Dcsign 和无人驾驶专家团队 MSubs 共同研发。

什么是 引擎声浪传导系统？

这个简单的装置让赛车的声音听起来更美妙

膜片
声音在此处产生共振和振动，噪音就会被放大。

车厢
声音会直接进入赛车车厢，增强驾驶员的听觉体验。

空气过滤器
空气过滤器从外部吸入空气，其中大部分空气会进入到发动机的进气系统，另外一部分则进入到引擎声浪传导系统的阀门。

引擎声浪传导系统阀门
"运动模式"按钮控制着引擎声浪传导系统的开关，打开后，噪音就会传入引擎声浪传导系统的膜片。

赛车的发动机越来越清洁，发出的声音也越来越小，特别是为了减少排放改用涡轮增压发动机的时候。但是在比赛的时候，有些车主还是希望能够听到发动机的轰鸣声，这时候引擎声浪传导系统的作用就体现出来了。

从原理上来看，引擎声浪传导系统将排气装置处发出的噪音，而非烟雾直接投射到车厢内。在保时捷 911 内部，一个声音通道捕捉用于发动机的振动声，并通过一个膜片加强，然后以声音的形式传递到车厢内。如果想关闭系统，驾驶员只需要按下"运动模式"按钮，通道中的阀门就会关闭。

赛车模拟器 背后的科学原理

赛车模拟器可以带给你接近真实的体验

很多人都在游戏机上体验过驾驶模拟器，这个一度被视为娱乐的项目在技术上已经发展得很成熟了，很多专业赛车手在大赛前都会借助赛车模拟器进行备战。

现代赛车模拟器的原理来自人类前庭系统，前庭系统包括内耳耳道和骨骼。前庭系统中的椭圆囊和球囊可以帮助人类检测三个方向的线性加速：垂直方向（重力）、横向（摇摆）和纵向（前后颠簸）。另外，三个充满流体的半规管分别定位在三个平面上，用以感测偏航、俯仰和滚转。当人体移动时，前庭和半规管中细小的毛细胞就会刺激前庭神经，帮助大脑解读来自上述六种运动产生的神经冲动。

新型驾驶模拟器正是基于人类前庭系统：模拟器的运动是为了唤醒驾驶员的前庭神经，营造更真实的驾驶体验。除了工作仪表板之外，模拟器还配备了与测试车辆相同的液压重量的踏板，另外还可以营造真实感的动力转向。影像展示在一个 8 米长的巨大屏幕上，投影和分辨率比多功能电影院还要高出 5 倍，可以提供清晰且时间精准的跑道测试图像。

在比赛开始前，赛车手可以利用模拟器进行有效练习，尤其是需要在从未体验过的赛道上进行比赛的时候。赛车手通过模拟器熟悉比赛环境。由于赛车模拟器的效果足够精准真实，赛车手可以通过使用赛车模拟器来增加实战经验。

职业赛车手的生活

不要以为职业赛车手的工作只是简单地跑完几个弯道，然后到达起跑线就可以了。据保时捷的世界耐力锦标赛赛车手尼·克坦迪告诉我们：要想驾驭一辆现代赛车，你必须成为"适合赛车"的人。现在的赛车越来越强劲，在弯道和转弯时需要克服的加速度也越来越大，所以赛车手需要在身体和心理上都能够驾驭这些情况，尤其是在像勒芒 24 小时这样的耐力赛中。正因为如此，职业赛车手都有强度极大的健身规划和严格的饮食计划，同时还要接受专业训练，缩短应急反应时间，增强对高温的适应性。另外，赛车战术也是职业赛车的重要组成部分，赛车手需要在各种情况下以及比赛的各个阶段都努力适应赛车的最佳设置和驾驶风格。

踏板
踏板利用液压和触觉执行器，带给体验者真实的驾车感觉。

赛车手的身体要能够承受赛车在赛道上产生的强大冲击力。

赛车模拟器内部结构

来看看 Delta 赛车模拟器是如何带给人们真实赛车体验的

屏幕
投影展示在一个 8 米长的环绕屏幕上，分辨率是电影院屏幕的 5 倍。

声音
该模拟器可以智能模拟赛车时的周边声音，令体验者感觉就像真正的坐在赛车里一样。

方向盘
方向盘的重量根据真实赛车设定，帮助营造真实的赛车体验。

摄像机
摄像机和生物传感器可以帮助评估赛车手的驾车技术和操作时机。

运动控制系统
它建立在人类前庭系统的基础之上设计，所有发出的动作都是为了刺激驾驶员的前庭神经。

计算机
计算机可以记录每场比赛多达 300 个频道的数据，帮助赛车手进行赛后技术评估。

飞机马桶 怎样工作?

强大的真空系统可以在万米高空清理你的排泄物

当你在飞机上按下厕所坐便器上的冲洗按钮,强大的吸力和噪音可能会吓得你跳脚,但这是有原因的。我们熟悉的传统马桶在移动的飞机上是无法使用的,因为在空气湍流的高空,充满水的马桶可能会溢出。因此需要借助另一个更加高效的系统来清空马桶。

直到1982年,电动泵被用来将蓝色的消毒液送入马桶,把排泄物排出。然而,需要在每次飞行中携带数百加仑的液体,占用大量的载重和空间。如今,大多数飞机都改用了真空马桶,这种马桶仅需要少量的消毒液。管道中的真空所产生的强大吸力会将排泄物排出,不过不要担心,除非你坐下时能够将马桶完全密封住,否则是不会被卡在马桶里的!

真空马桶技术

你在高空中上完厕所,你的排泄物是如何被处理的?

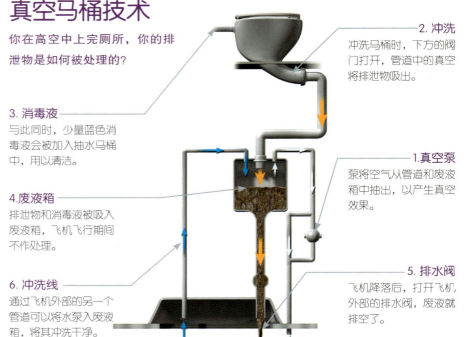

2. 冲洗
冲洗马桶时,下方的阀门打开,管道中的真空将排泄物吸出。

3. 消毒液
与此同时,少量蓝色消毒液会被加入抽水马桶中,用以清洁。

1. 真空泵
泵将空气从管道和废液箱中抽出,以产生真空效果。

4. 废液箱
排泄物和消毒液被吸入废液箱,飞机飞行期间不作处理。

6. 冲洗线
通过飞机外部的另一个管道可以将水泵入废液箱,将其冲洗干净。

5. 排水阀
飞机降落后,打开飞机外部的排水阀,废液就排空了。

车载音响技术 会如何发展?

在你的个人音乐专区聆听音乐

定向扬声器
微型扬声器设置在靠近乘车人员耳朵的位置,从而达到最好的音响效果。

头枕
所有重要的定向扬声器都设置在这个缓冲垫下面,既优化了声音又不影响安全。

扩音器
每个人的音乐专区都配有一个扩音器,帮助增加电路上电信号的振幅。

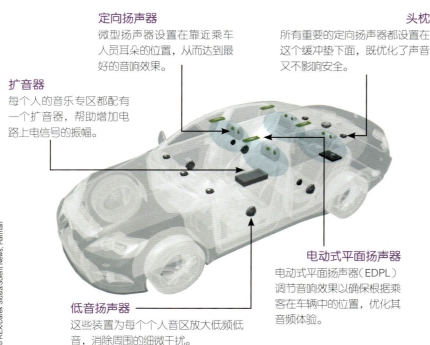

电动式平面扬声器
电动式平面扬声器(EDPL)调节音响效果以确保根据乘客在车辆中的位置,优化其音频体验。

低音扬声器
这些装置为每个个人音区放大低频低音,消除周围的细微干扰。

你肯定经历过一路上都被迫聆听父母喜爱的枯燥音乐的汽车旅行,好在汽车行业正在试行新的尖端技术,未来的乘客可以通过个人音响区聆听自己喜欢的音乐。该技术的原理是通过在座椅的头枕上放置小巧但功能强大的微型扬声器,让声音更接近每个乘客的头部区域。而且滤波器矩阵还会将标准汽车音频扬声器和头枕扬声器的波场修改为乘客的期望频率,从而实现对其他声音的串音消除(CTC)。

除了能够聆听自己喜欢的音乐外,这项突破性的音频技术还给乘车人员带来了其他好处。例如,有了个人专属音乐区,针对驾驶员开放的导航声音就不会对其他乘车人员产生太大干扰,并且呼叫来电也可以通过汽车音频装置有效地传递给指定接听人。

未来的 Immortus 太阳能复合跑车功率 40 千瓦，净重约半吨。

汽车可以使用 太阳能动力 吗?

Immortus太阳能汽车受后末世电影的启发，可以利用太阳能无限续航

这款限量版太阳能电动跑车的创意来自一家名为 EVX 的小型电动汽车公司，该公司目前正在研制原型车。Immortus 通过分布在汽车顶部的近 7 平方米的光伏电池吸收太阳能，同时配备插入式电力传动系统和锂离子电池组。汽车长 5 米，宽 2 米，可以为两名乘客提供足够的乘坐空间和行李空间。

充满电的电池组再加上太阳光线，Immortus 可以以每小时 85 千米的速度行驶 550 千米以上。但是，如果将平均速度降到每小时 60 千米，Immortus 可以行驶一整天，当然前提是要有阳光。Immortus 行驶过程中储存能量的功能至关重要，可以在需要时提供卓越的性能。在同时利用电能和太阳能的条件下，Immortus 的最高时速可达到每小时 150 千米。

要成功研制出 Immortus 还有很多工作要做，EVX 需要募集近 150 万美元才能正式开始生产。获得这笔资金后，他们也只计划生产 100 辆 Immortus，预计售价 50 万美元。至少潜在买家可以省掉未来的燃料费了!

盘点未来科技

EVX 在设计 Immortus 太阳能汽车技术的同时，还带来了几项可能对未来世界汽车制造商非常有用的创新技术。其中一项技术就是混合动力改装套件，可以将汽油动力车改装成插电式混合动力车，以后的车主可以利用这项技术将旧车改造成新型环保车。该套件将常规的两轮驱动车辆变为四轮驱动，从而提高车速。另外，EVX 还提出了轻便型风冷式电池盒概念，这个概念对 Immortus 来说是必不可少的，未来也可以在航空和采矿业得到应用，因为这些领域未来都有可能要依靠电力技术。EVX 的设计师们还希望开发一款小型相机来取代后视镜，以减少空气阻力，使未来的电动汽车更加高效。

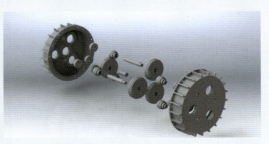

EVX 的混合动力改装套件可以让未来车主在无须购买新车的情况下减少燃料消耗。

威力无穷
一起来看看俄亥俄号潜艇里面有什么

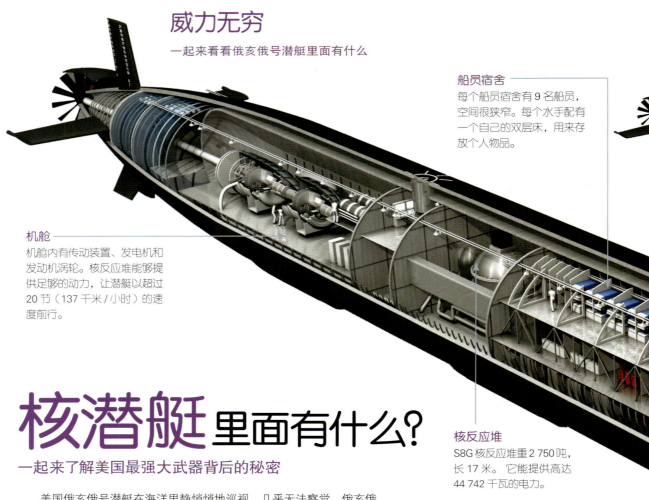

船员宿舍
每个船员宿舍有 9 名船员，空间很狭窄。每个水手配有一个自己的双层床，用来存放个人物品。

机舱
机舱内有传动装置、发电机和发动机涡轮。核反应堆能够提供足够的动力，让潜艇以超过 20 节（137 千米 / 小时）的速度前行。

核潜艇 里面有什么?
一起来了解美国最强大武器背后的秘密

核反应堆
S8G 核反应堆重 2 750 吨，长 17 米。 它能提供高达 44 742 千瓦的电力。

美国俄亥俄号潜艇在海洋里静悄悄地巡视，几乎无法察觉。俄亥俄号全长 170 米，超过了华盛顿纪念碑的高度。

俄亥俄号潜艇是俄亥俄级的领头潜艇，美国陆军最大的核动力潜艇。这个级别的潜艇由 18 艘潜艇组成，每个潜艇上最初都配备了全套核弹道导弹武器。2002–2008 年，美国海军将 4 艘最古老的俄亥俄级潜艇改装为携带非核导弹的导弹潜艇（SSGN）。 其余 14 艘上载有美国约 50％的活跃热核弹头。

在俄亥俄号被改造之前，承载核导弹的一个筒仓现在变成了一个舱口，海豹突击队可以借助这个舱口潜出，执行隐蔽任务。

俄亥俄号在设计上自给自足，能够生产自己的动力、饮用水和氧气。它利用电力将海水里的氧气和氢气分离，从而制造可以呼吸的空气。这使俄亥俄号在水下可以潜伏长达 90 天，唯一的局限就是食物供应。要运行俄亥俄号潜艇，需要 15 位军官和多达 140 名水手。所有的船员都是出色的水手，而且是自愿登上潜艇的。

有计划宣布，在不久的将来，俄亥俄级别潜艇将被取代。美国海军目前正处在研发俄亥俄潜艇替代项目的初级阶段，新潜艇的建造计划于 2021 年开始。

不过，由于每艘替换潜艇的成本预计会超过 49 亿美元，财政支持就成了问题。在新型潜艇建造完成之前，俄亥俄号潜艇和该级别的其他潜艇将继续作为美国军队的重要资源而存在。

指挥控制中心
这是潜艇的大脑，它的所有控制装置都位于其中，潜望镜也安装在这里。

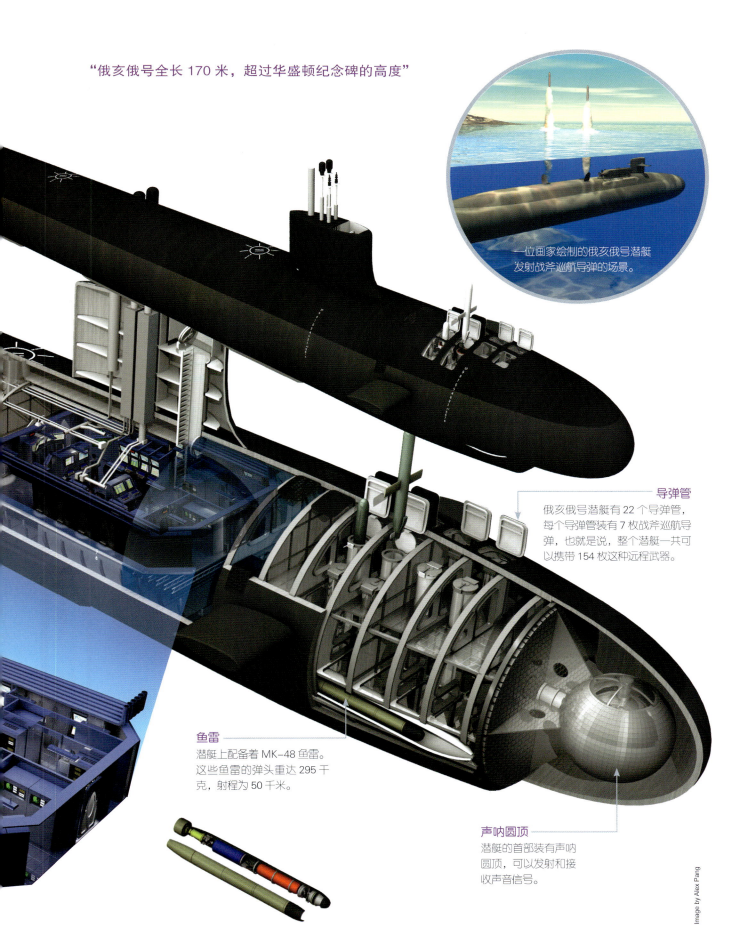

"俄亥俄号全长 170 米，超过华盛顿纪念碑的高度"

一位画家绘制的俄亥俄号潜艇发射战斧巡航导弹的场景。

导弹管
俄亥俄号潜艇有 22 个导弹管，每个导弹管装有 7 枚战斧巡航导弹，也就是说，整个潜艇一共可以携带 154 枚这种远程武器。

鱼雷
潜艇上配备着 MK-48 鱼雷。这些鱼雷的弹头重达 295 千克，射程为 50 千米。

声呐圆顶
潜艇的首部装有声呐圆顶，可以发射和接收声音信号。

Image by Alex Pang

NASCAR运送车里有什么?

来看看这个18轮的大拖车是如何运送赛车的

多年来，NASCAR（纳斯卡车赛）已经成为美国体育文化的一个重要组成部分。它成立于1947年，NASCAR现在承办着美国、加拿大、墨西哥和欧洲各地的1200多场赛事。

但是要将专业赛车从一个赛场运输到另一个赛场绝非易事。我们从未看到过赛车在交通道路上行驶，而且由于NASCAR赛事遍布全美国，所以他们需要用专门的运送车将赛车运送到各个比赛场地。而这些运送车不仅可以运输车辆，还可以作为维修店、餐厅、会议室、观景台和储存设施使用。

由于每个赛场上的跑道都是不同的，所以NASCAR的车队需要根据赛场情况提前调整赛车配置。这就意味着，每次比赛后，车队都要返回到车队基地，拆卸、清洁、更换赛车，然后重新装车，开往下一个比赛场地。他们每次要更换10 000多个部件。 如果没有运送车，赛车手就无法运送赛车到指定赛场，会导致下一场比赛准备不足。

运送车内部设置

来看看这个巨型运送车里都有什么

卧铺驾驶室
驾驶舱的司机座位和乘客座位后面配有2张床，不开车的人可以在床上休息。

设备齐全的办公室
运送车前部是办公区，车队人员可以在这里讨论比赛战术。

车库
这个级别的运送车可以运输2辆赛车，使用拖车后部的液压升降门进行装载。

车顶甲板
运送车顶部是一个观察区，用来观察赛车在跑道上的情况。观察区可以配备评分监控器，用于进行数据分析。

发电机
每个运送车都有自己的发电机，可以给车上的各个部分供电，包括办公区和零件库。

零件库
运送车后部载有大量汽车零部件，车队人员可以在下场比赛前修理和改装赛车。

庞然大物
每辆运送车大约长24米，重量可达36吨。

外部设计
每辆NASCAR运送车都是为指定车队（和赛车手）服务的，所以运送车的外部设计也要和赛车标志保持一致。

CYG-11地效翼船
是如何飞行和漂浮的?

**这个新型飞行器
有可能会改变未来的出行方式**

在交通领域,已经出现了很多可以在不同地形和环境下运行的多功能交通工具,比如两栖车辆,以及可以在海上着陆或起飞的飞机。但是CYG-11地效翼船在技术上要更加先进,它既可以在空中飞行,也可以在水面上漂浮。CYG-11 "水上飞机"是中国制造,它通过重新设计小型螺旋桨飞机,使它可以利用空气垫漂浮在水上。

这种飞行器可以帮助购买者节省金钱和空间,因为CYG-11同时具备了飞机和船舶的功能。不仅如此,CYG-11还可以开辟出抵达目的地的水空结合新路线。在水上漂浮时,CYG-11利用地效应翼作用,增加升力并减小阻力。要让飞机有效地漂浮在水面上方的空气垫上,只需要将机翼安装在机身稍微靠下的位置即可。

什么是 无气轮胎?

米其林的无气轮胎真能终结轮胎漏气的问题吗?

米其林推出的无气轮胎设计承诺结束令人头疼的轮胎穿孔和危险的高速爆胎问题。Tweel轮胎采用一体式设计,主要用于商业用途,比如园林绿化、农业和建筑等领域。如果试用成功,设计人员希望把无气轮胎推广到其他交通工具。

无气的实心轮胎已经出现了很长一段时间,但由于轮胎本身过于坚硬,所以在崎岖地形上行驶时会发生反弹。米其林的Tweel轮胎通过压缩来抵抗车辆在崎岖道路上行驶时产生的冲击。Tweel轮胎的另一个优势是,它比现在的充气轮胎更环保,因为它是由塑料树脂制成的,可以重复使用。也就是说,即使要更换轮胎,也不会对环境造成太大影响。虽然距离无气轮胎真正上路还需要几年的时间,但是瘪胎毕竟有望成为历史,这让所有驾驶人员都颇感兴奋。

无气轮胎结构

来看看 Tweel 轮胎为何如此耐用

底胎面
厚底胎面意味着可以对轮胎的核心进行多次翻新。

深开式胎面
深开式胎面设计让无气轮胎的清洁更加方便,同时也提供极佳的牵引力。

兼容性
每个轮胎都配有八孔钢轮毂螺栓,因此适用于所有标准的滑移类机械设备。

零度传送带
零度传送带可以把承重引导至轮胎最坚固的部位。

轮辐
轮胎的树脂轮辐可以减少驾驶时的反弹,让驾车更加舒适。

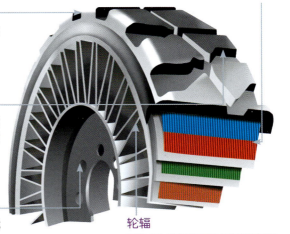

巴拿马运河 是如何运作的?

一个世纪前的工程奇迹现在进行升级改造了

巴拿马运河于 1914 年 8 月首次开通时,许多人都将其视为有史以来最伟大的工程壮举。运河开通后,人们可以直接从纽约到旧金山,而不必再绕到南美洲的最南端,缩短了 12 669 千米的路程。挖掘和建造运河使用了大约 2 700 万千克炸药,以及 380 万立方米混凝土。

过去 20 多年来,世界海洋运输量增加 4 倍,95% 的进口货物都借助巨型货船运往美国海岸。鉴于以上情况,为了跟上现代航运快速发展的步伐,当地政府决定对巴拿马运河进行改造和扩建。人们通过 100 多项研究来确定最合适的改造计划,同时也考虑到了改造对环境的影响和所需的工程技术。

最终制定出了一个耗资 52.5 亿美元的项目计划,其中涉及四个主要部分:打通太平洋通道、增加一个水闸、改善供水和增强航行渠道。改造完成后,运河将能够支持第三条运输通道,可允许当前通道限定船只尺寸 3 倍以上的货船通过,集装箱运载量也是当前通道的 2.5 倍。大型货船要通过水闸需要支付数十万美元的通行费,依然很昂贵。

运河的改造将会带来巨大变化:由于货物运输到美国港口所需的时间、资金和燃料都会大大减少,所以贸易效率也会大大提高。运河改造完成后,相当一部分洲际运输无疑就会涌向巴拿马,进而促进美国经济发展,正如运河于 1914 年首次开放时一样。

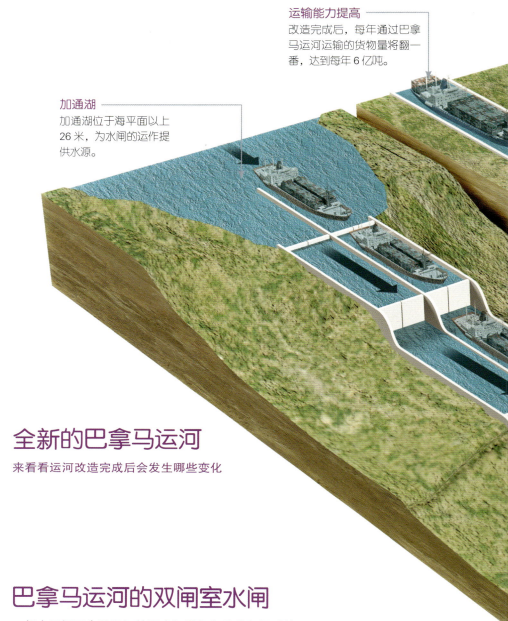

运输能力提高
改造完成后,每年通过巴拿马运河运输的货物量将翻一番,达到每年 6 亿吨。

加通湖
加通湖位于海平面以上 26 米,为水闸的运作提供水源。

全新的巴拿马运河

来看看运河改造完成后会发生哪些变化

巴拿马运河的双闸室水闸

一起来了解巴拿马运河的旧水闸是如何让货船通过的

1. 第一个闸室首先会释放 1 亿升,相当于 40 个奥林匹克游泳池的水量进入海洋,使闸室的水位和海平面达到一致。

2. 水位和海平面达到一致(通常需要 8 分钟左右的时间)后,闸门打开,货船进入第一个闸室,阀门和闸门随后关闭。

3 第二闸室释放水量到第一个闸室,使两个闸室的水位达到一致,让货船从第一个闸室进入第二个闸室。之后重复这个过程,直到货船驶入运河。

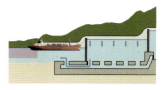

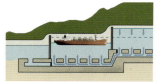

水源重复利用
从新闸室释放出来的 60% 的水都可以重复利用，让新水闸更加高效环保。

河道更深
对当前运河进行大面积疏浚后会让河道更深，从而容纳更大的船只。

巴拿马运河的竞争对手？

巴拿马运河现在面临着来自世界各地的激烈竞争。埃及在苏伊士运河上增加一条河道，新河道流经埃及，将地中海与红海连接在一起。可以双道通行，将苏伊士运河的运输量提高一倍，每天可通行 97 艘货船。运河的通过时间也会减少近一半，从 18 个小时缩减到 11 个小时。

通行时间更短
运河长 82 千米，货船从大西洋到太平洋只需要 8 个小时。

世界影响
全球约 3% 的海上贸易都经由巴拿马运河完成，新水闸启用后，这个比例无疑还会上升。

水闸更宽
新水闸宽 55 米，可允许超巴拿马型船通过。

安全性高
自 2002 年以来，报道的航运事故只有 38 起，平均每 4 000 次航行中才有一次事故发生。

标准箱运载数：12 000
超巴拿马型船
吃水深度：12 米
366 米
49 米

标准箱运载数：4 500
巴拿马型船
吃水深度：15 米
294 米
32 米

© Sol90

宇航员
从太空回来后需要过海关吗？

当然需要，目前往返国际空间站的宇航员都必须前往哈萨克斯坦的拜科努尔航天中心，乘坐俄罗斯联盟飞船往返。所以他们需要跟其他人一样过海关。海关有阿波罗 11 号宇航员需要填写的专门表格，但也只是为了新奇而已。这些表格可能是夏威夷的一个海关服务区主管跟宇航员开的玩笑，表格后来是使用自动笔签的字。

我们走路时
为什么要摆动双臂？

我们最初认为，走路时摆动手臂有助于维持平衡，但迄今为止还没有找到科学证据证明这一推测。对此，还有另一种可能的解释：根据对人类摆动手臂走路时的氧气消耗分析，摆动手臂实际上有助于节省能量。有项研究发现，如果人们在走路时摆动手臂，那么氧气的消耗量要比双臂保持在身体两侧不动时少 8%，也就是说肌肉燃烧的热量更少。

在走路时摆动双臂有
助于节省能量

盐是如何融化冰雪路面的？

将颗粒盐撒在冰雪覆盖的道路上，可以帮助降低水的结冰和融化温度。 水在冷却到 0℃或以下时，就会冻结成冰。但是在水中添加盐分后，结冰的温度就会降低。例如，浓度为 20% 的盐溶液，它的结冰温度在 −16℃以下。所以，在结冰的道路上撒盐，可以溶解道路上的冰层，并最终使其融化。不过这个方法也有其局限性：如果道路温度低于 −9℃，盐就无法穿透冰面，起不到加速融化的作用。在温度较低的时候，有些地方会在颗粒盐中添加氟化钙，帮助进一步降低融化温度。

什么是太阳能电池板停车系统?

电动和混合动力汽车越来越常见,世界各地的很多停车场和服务站也都配有插入式充电站。不过,现在出现了一项新技术,汽车充电可以无须再依赖主电源,而是从太阳中吸取能量。

这种太阳能电池板停车系统通过将太阳光转换成电能,以微电流的形式为汽车充电。安装在停车场或车库顶棚的太阳能电池板吸收太阳光线,并将太阳能转换为与汽车兼容的电能,再借助适配器将其输入汽车的标准充电接口。

然而,太阳能电池板停车系统虽然可以降低充电成本,但光伏电池板无法将所有接收到的太阳能转化为电能,也就是说,即使充电几个小时,汽车也不能行驶太长时间。不过这项技术目前还处于起步阶段,很可能为未来的再生燃料汽车的发展提供一个框架。

莱特兄弟的飞机马力多大?

1903 年 12 月,经过多年的钻研、设计和发明,美国兄弟奥维尔·莱特和威尔伯·莱特终于成功发明建造了历史上第一架飞机。这架飞机拥有一个不带燃油泵的简单电机、一个化油器、一个节流阀或火花塞。令人惊讶的是,这么简单的配置居然能够产生 12 马力的功率。首次飞行持续了 12 秒,飞行距离 37 米。这架被飞机的水冷式汽油发动机有 4 个气缸,封装在生铝曲轴箱内。飞机重量不到 91 千克,可以带动两个螺旋桨。

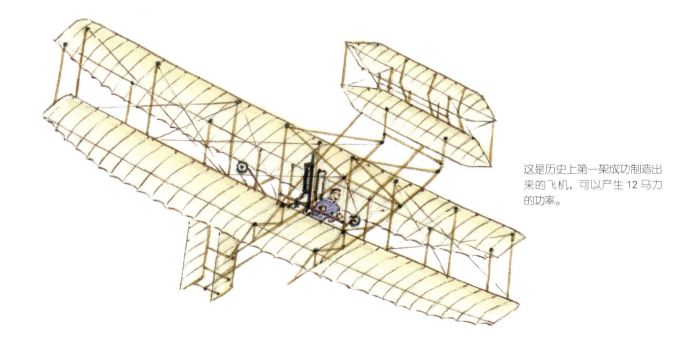

这是历史上第一架成功制造出来的飞机,可以产生 12 马力的功率。

第六章 历史

云上文明：印加帝国

一起来探索这个古老的南美洲文明是如何在云中建造城市的

印加人在短短不到一个世纪的时间里，就在南美洲西海沿岸创建了一个绵延3 862千米的帝国，成为当时世界上最大的国家。他们在没有车轮和马匹，甚至没有书面语言的前提下，横跨沙漠，穿越热带雨林，还征服了美洲最高的山脉——安第斯山脉。

印加文明的统治者被称为迈塔·卡帕克，帝国首都位于今天秘鲁的库斯科。国王帕查库特克在15世纪初首次向外扩张领土。印加战士不仅无所畏惧，而且训练有素，能够熟练使用多种武器，但帝国领土的成功扩张主要还是得益于印加政府的组织形式。

印加人称其领地为塔万廷苏尤（Tawantinsuyu），意为"四州之国"，因为印加帝国在地域上分为东北、东南、西北和西南四个地区。每个地区都有自己的总督和地方行政管理人员，负责监管所在区域，并向迈塔·卡帕克汇报。如果有新征服的领地，帝国就派遣官员到当地，传播他们的习俗、语言和生活方式，后来也就有了我们如今看到的印加人标志性的居住场所。

然而，在快速扩张后，印加帝国于1532年土崩瓦解。西班牙征服者在法兰西斯克·皮泽洛的带领下，利用当时的反叛军和在欧洲肆虐的流行病，将印加帝国的领地占为己有。

印加人的生活方式至今仍有幸存，许多居住在安第斯山脉的村民还讲盖丘亚语，在土地耕种方面也还延续着500年前印加人的耕种方式。有些印加城市也有幸避开了西班牙人的破坏。保存最完好的印加遗址是位于秘鲁中部的马丘比丘，海拔2 430米。关于该遗址的用途，有多种猜测，比较流行的一种说法是，马丘比丘是国王的皇家庄园。这座位于云层中的古老城市现已被联合国教科文组织列为世界文化遗产，游客可以在这里对古代印加人的生活窥知一二。

印加战士的武器装备

他们都是开疆拓土的英勇战士

珠宝
高级战士会在胸前佩戴金盘、银盘或铜盘，耳垂上还会佩戴金耳塞或银耳塞。

羽毛装饰
头盔上饰有颜色鲜亮的羽毛，羽毛的数量象征着战士的军衔。

头盔
高级战士佩戴的头盔是黄铜或铜制作的，而一般战士的头盔是木制的。

盾牌
盾牌有各种各样的形状，由皮革或兽皮制成，主要供高级战士使用。

战袍
战袍由厚厚的棉垫制成，背面和正面饰有石板或金属板，可以保护战士不受木制和石制武器的伤害。

武器
印加人根据他们在战斗中的位置使用不同的武器，武器有长矛、弹弓、弓箭、棍棒和斧头等。

颜色
根据军队所在的地区，不同印加军的战袍都有特定的颜色和标识。

流苏
在二头肌、脚踝和膝盖的位置绑上羊毛流苏，他们认为这可以增加四肢的力量。

拖鞋
拖鞋由美洲驼皮制作而成，或是植物纤维编织而成，让战士可以进行长时间的野外征战。

印加人使用背带式织布机制作衣服，将羊毛或棉花缠绕在两块木头上，然后在水平方向上进行编织。

信使

随着帝国的扩张，印加人建立了一个庞大的公路和桥梁网络来连接各个领地。然而，由于当时没有轮式车辆或马匹，所以他们借助骆驼或羊驼运送较重的物资。这些道路的一个重要用途是传递口头信息，因为印加人没有书面语言。奔跑传递信息的信使分布在每条路线的站点上，将信息传递到下一个站点，这种信息传递方式有点像接力赛。他们传递的信息主要是入侵事件、起义或国王的去世，但偶尔也会利用结绳文记录需要发送的信息。他们在绳子上悬挂不同颜色的绳条来区分事物的信息类别，例如有多少战士可用于战争，绳结数目则代表具体数量。

结绳文可以记录多种类别的信息，包括统治者的统治时间，以及定居点的粮食作物产量。

劳动力

印加帝国的社会底层主要是农民。由于没有货币，国家将土地分配给每个家庭后，他们以食品和纺织品的形式向国家纳税。这些家庭只能保留部分食物，其余的都要缴纳给国家，或者向众神祭祀。每个成年人每年还有固定的义务劳动时间，为国家建造房屋和道路，或加入军队。印加人还利用他们的建筑技术找到了在不平坦的山坡上种植粮食的巧妙方法。其中一种方法就是在山坡上打造梯田，并修建围墙防止土壤流失。

梯田有助于扩展农田，防止土壤流失。

印加建筑

印加建筑结构稳固，房屋简单

　　印加人是优秀的石匠，他们建造的建筑物格局统一，不仅稳固而且美观。随着他们的领地不断向南美洲西部延伸，他们建筑物的简洁线条以及梯形窗户和门廊也很快成为印加人建筑的标识。不管是恢宏的宫殿，还是简单的房屋，其建造方式都大致相同，唯一的区别在于石材的大小和饰面的质量。一些设计复杂的建筑物还采用了弧形墙壁和金箔，不过大多数建筑物的结构都十分简单，庭院四周围绕着几个单间房，然后在外面加上围墙。

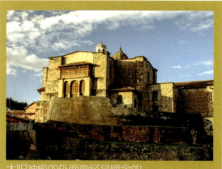

太阳神殿的外面曾经是镀金的。

太阳崇拜

　　印加人崇拜自然神灵，包括月亮女神和雷神，因为他们相信这些神灵控制着自然界，可以防止诸如洪水和干旱等自然灾难的发生。不过印加人最崇拜的还是太阳神因蒂：热与光的赐予者。印加统治者被认为是太阳神在地球上的代表，印加人称自己为"太阳的孩子"。他们根据太阳的运动轨迹举行宗教仪式，向太阳神祭祀食物、饮品，还有动物和人类祭品。印加大多数建筑物的门窗都与日出和其他天体运动保持一致，还有专门供奉太阳神的寺庙。位于首都库斯科的太阳神殿是印加最神圣的建筑物之一，神殿建造之初是镀金的，用以反映太阳的光芒并代表它的力量。

住房

来看看印加人传统住房的结构

建筑材料

　　印加人的房子是用石块建成的，并借助青铜工具打造石块形状。这些石块可能重达数吨，印加人利用绳索、圆木、杠杆和坡道来移动石块。有时建造一堵墙甚至要用几个月的时间。

宏伟建筑
印加人将石块切割得非常精确，石块之间可以完美地贴合在一起，无须借助灰泥巩固墙壁。

简易住宅
建筑简单的居室则使用较小的石块，利用泥土固定，或使用干泥砖代替石块。

"不管是恢弘的宫殿，还是简单的房屋，建筑方式都大致相同"

家具
印加人不使用床或椅子，地上的垫子是他们的全部家具，坐和睡觉都在上面。

茅草屋顶
木柱用绳子绑在一起，用钉子固定在墙上，然后在上面铺上茅草或芦苇。

防震
倾斜的墙壁和紧扣的砖块可以抵御当地经常发生的地震。

装饰
墙壁上的凹槽可以摆放印加人崇拜的宗教人物雕像。

单间设计
大多数房屋都有一个长方形的房间和一个入口，也有些房屋有上层结构，并通过用绳子和木头制成的梯子爬上去。

倾斜的墙壁
外墙通常向内倾斜，使房屋呈梯形。

蜂蜜 采集

为了满足口腹之欲，人类可以跋山涉水，不惧艰难

尼泊尔加德满都山谷的野生蜂群。

蜂蜜是世界上最常见的天然甜味剂，早在 260 万年前的旧石器时代，我们的祖先就开始采集野生蜂蜜了。时至今天，非洲、亚洲、南美洲和澳大利亚地区的人仍有采集蜂蜜的传统。

在尼泊尔，人们依然上演着最为惊心动魄的蜂蜜采集活动。在喜马拉雅山脉的陡峭悬崖上，生存着至少 5 种不同的蜜蜂。在尼泊尔人的日常生活中，人们把蜂蜜添加到茶水中饮用，蜂蜜也用来出口，用作传统医药。尼泊尔的古隆人甚至会向山神祭祀一只羊，祈求可以在蜂蜜采集中取得好收成。

尼泊尔每个地区的人都有自己独特的蜂蜜采集技巧，不过有一个相同点，那就是他们都会在蜂巢下点燃火把，用烟将蜜蜂熏出，让蜂巢暴露出来。之后采蜜人借助绳梯走下悬崖峭壁，头戴面罩，手持篮筐和杆子，其他人则会密切观望，在 91 米下的地面上操控绳梯，帮助勇敢的采蜜人上升或下降。采蜜人将篮子放在蜂巢下面，然后用一个带有锋利刀片的杆子整齐地将蜂巢切下，落入篮子里。

采蜜需要极大的技巧、耐心和自控力，采蜜人有时需要花费长达 3 个小时的时间才能完成一个蜂巢的收割。

养蜂的古埃及人

蜂蜜在古埃及有着特殊的意义，可以用作医药，制作药膏、酒和食品。有些寺庙的浮雕还刻画着蜂巢，以及养蜂人如何借助烟熏进行蜂巢收割和采集的。蜜蜂本身又被称为"太阳神的眼泪"，他们认为蜜蜂是由太阳神哭泣创造的。

有关蜂蜜的最古老的书面记载是在公元前 5 500 年，公元前 3 500 年 – 公元前 3 100 年，由于尼罗河的肥沃河岸非常适合养蜂，下埃及也因此被称为"蜜蜂之地"。埃及的统治者甚至以"bjtj"做头衔，意为"属于蜜蜂的人"。

虽然已经有了驯养蜜蜂，但埃及人依然喜欢野生蜂蜜。法老（头衔为"Sedge and Bee"，意为"属于茅草和蜜蜂的人"，象征着上埃及的茅草和下埃及的蜜蜂）还会派出武装军队，保护进入沙漠采蜜的采蜜人，另外官方还有专门的蜂蜜检验人员，对蜂蜜成品进行质量监控。

辛努塞尔特一世的坟墓上刻着代表蜜蜂的象形文字。

勇敢的采蜜人
尼泊尔采蜜人使用的工具和技巧

切割杆
他们用一把杆子（当地人叫作"tango"或"ghochma"）切割蜂巢，杆子一端绑着锋利的镰刀。

安全带
采蜜人用一根安全带把自己绑在绳梯上，安全带是用当地的一种纤维做成的。

篮子
篮子由竹条制成，可容纳 20 升的蜂蜜。一般都用羊皮做内衬，防止蜂蜜漏掉。

绳梯
一条 70 米长的竹纤维绳梯从悬崖上落下，或从地面拉上去，并在绳梯两端加以固定。

悬崖壁
蜜蜂筑巢一般选择邻水的悬崖壁，通常面朝西南或东南方向，以获得充足的阳光。

海洋深度
第一次是如何测量出来的？

人类是如何巧妙地测量海洋深度的

从公元前 1800 年前的古埃及墓室壁画中，我们可以找到人类首次测量海洋深度的证据。壁画描绘了一个人在船上将一根探杆（用于测量深度的长杆）浸入水中，然后记录下探杆到达水底的距离。在接下来的几千年中，人们一直沿用这种测量技术，只不过是把探杆换成了一端绑有重物的绳子。

古代的大部分测量都是在浅水区域进行的，目的是探测船只近岸航行的潜在危险。1872 年，人类开始了对世界海洋的第一次大规模研究。在为期 4 年的考察中，英国皇家海军"挑战者号"使用各种探测设备，对海底进行了 360 次深度测量。这些设备使用重物将探测线拉到海底，并在此过程中从海底提取研究样本。借助这些探测，我们发现了水下山脉和海沟，以及数千种新的海洋物种，构成了现代海洋学的基础。然而，直到 1914 年人们才开始利用声呐进行更精确的海洋测量。

布鲁克海洋探测装置
一起来了解这个深海探测设备的工作原理

测量
通过计算绳索落入水中的标记数量，就可以得出海洋的近似深度。

重物和绳索
绳索一端系有重物，绳索上每隔 45.72 米做一个标记。

释放重物
铁棒顶部的一对铰链臂落下，将绑有重物的吊索移除。

船上抛下
在船上将系有重物的一端抛入水中，重物到达海底后吊重物的绳索会松开。

到达海底
到达海底后，穿过重物中心的铁棒会插入海床。

收集沉淀物
铁棒的底端是空心的，可以收集海底的沉积物。

拉回
测量后把绳子和铁棒拉回船上，将重物留在海底。

收集样本
拉回绳索时，铁棒上的阀门关闭，将沉积物锁定在空心的铁棒里。

古代人的卫生习惯
一度被认为健康的恐怖生活习惯！

1 尿液漱口水
氨是家用清洁剂的常见成分，也存在于尿液中，所以罗马人会用尿液来清洁衣服。不仅如此，他们还相信尿液可以清洁和美白牙齿，所以经常将它作为漱口水使用。

2 厕所衣橱
在中世纪，人们使用的"厕所"通常是由一个容器和盖在上面的一块木板组成的，木板中间会留出一个洞。人们经常把"厕所"放在衣橱里，因为它的气味可以驱虫。

3 腐烂的牙齿
古时都铎王朝的人知道吃糖会让牙齿腐烂，但因为糖在当时是十分昂贵的，是财富的象征，所以当时的妇女会故意将他们的牙齿弄脏，让它们看起来像是腐烂掉了！

4 生发治疗
17 世纪治疗秃头的一种常见方法是将钾盐与鸡粪混合在一起，并将其涂抹在头皮上。如果要去除头发，就使用鸡蛋、醋和猫粪的混合物。

5 鼠皮眉毛
在 18 世纪，女性浓眉是不受欢迎的，所以她们会将眉毛刮掉，用老鼠皮制成的假眉毛来代替。面色苍白的妆容在当时也很流行，不过却是非常致命的，因为此类化妆品中含有铅和汞等有毒物质。

© Alamy

华盛顿 国家大教堂

这个美国第二大教堂为何如此重要？

华盛顿国家大教堂的创建要追溯到美利坚合众国成立之初，历时83年才完成建设。在华盛顿市区和总教区，人们又称其为圣彼得和圣保罗大教堂，它是美国历史和美国精神的心脏所在。

1791年，美洲殖民地宣布从大不列颠独立15年后，美国人雄心勃勃地投入到了华盛顿特区的建设中，与此同时，他们提出了创建"国家大教堂"的口号。

尽管美国第一任总统乔治·华盛顿执政期间就提出了建造国家大教堂的提议，这座新哥特式大教堂的基石（取自耶稣诞生地伯利恒）于一个多世纪后的1907年9月29日在第26届美国总统西奥多·罗斯福执政时才得以奠定。教堂于1990年9月29日正式完工，第41位总统乔治·布什见证了最后一块装饰性石头的安放。

建成后的华盛顿国家大教堂从西向东长152米多，中央塔高92米，成为世界第六大教堂，也是美国第二大教堂。

虽然大教堂在20世纪的大部分时间里都是未完工状态，但中央伯利恒礼拜堂于1912年开放，期间为总统德怀特·艾森豪威尔、杰拉尔德·福特和罗纳德·里根举行国葬。

华盛顿国家大教堂也为其他很多重要人物举行过纪念活动，包括登月第一人尼尔·阿姆斯特朗和前南非总统纳尔逊·曼德拉，还为其他重大国家事件举办追悼会，如2001年9月11日的恐怖袭击。

教堂看点

从《星球大战》中的人物到二战历史，华盛顿国家大教堂内无所不有

达斯·维达
教堂塔楼的背阴面是《星球大战》中的人物达斯·维德的搞怪雕像，由13岁的克里斯·雷德于1985年设计。

旋转木马

一般来说，你是不会在教堂里看到旋转木马的。华盛顿国家大教堂的万圣节公会旋转木马建于19世纪90年代，由辛辛那提的旋转木马公司建造。

这个旋转木马是罕见的全木转盘，并配有黄铜管装置。木马有24个旋臂，每个旋臂上都有手工雕刻的涂有鲜艳色彩的动物和两个座椅车，中心杆由汽油发动机驱动，带动木马的旋转臂上升和下降。

万圣节公会主要负责维护华盛顿国家大教堂周围的场地，于1963年购买了这个旋转木马，希望给当时举办的露天活动带来狂欢气氛。现在，这个美丽的古董旋转木马已被纳入《美国国家史迹名录》，也是美国现在仅有的两个全木制旋转木马之一，每年仅对外开放一次。

万圣节公会旋转木马上手工雕刻的大象。

教堂西侧
大教堂西侧展示的圣经故事。

太空窗
这块印有旋转星球的彩色玻璃窗是为了纪念阿波罗11号登月成功。玻璃上镶嵌着一小块月球岩石。

荣归主颂塔
塔楼所在处海拔206米，塔高91米，是华盛顿特区最高的建筑物。

祭坛
祭坛的石头来自耶路撒冷附近的采石场，人们相信，建造所罗门圣殿的石头就是来自这里。

十诫
祭坛前面摆放的十块石头，来自埃及西奈山摩西教堂，代表《圣经》里的十诫。

对抗地震

2011年8月23日，华盛顿国家大教堂遭遇地震破坏。2011年弗吉尼亚发生的里氏5.8级地震是自1944年以来在美国东海岸出现的震级最高的地震，也是美国历史上影响范围最广的一次。

受本次地震影响，教堂周围的支柱出现了裂缝，中央塔上的四座石塔中有三座被扭曲或蜕变坠毁。

震后教堂被迫关闭，直到2011年11月7日才重新开放。

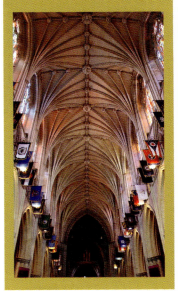

伍德罗·威尔逊湾
伍德罗·威尔逊是唯一一位埋葬在华盛顿国家大教堂的美国总统。

十字区
大教堂的中心是一个十字区，大型活动一般都在这里举办。

战争纪念堂
战争纪念堂里的彩色玻璃描绘的是"二战"和美国革命战争场景。

儿童礼拜堂
儿童小圣堂里的所有雕像都是六岁儿童的高度。

"二战"后的 **住房危机** 是如何解决的?

预制设计房屋在短时间内解决了战后的住房短缺问题

1939 年第二次世界大战开始后,英国的房屋建筑立刻都停止了,人们全力投身到战争中。等到"二战"结束时,受德国在闪电战期间的轰炸影响,成千上万的英国人无家可归,被迫与朋友或家人住在一起。有些人甚至寄居在废弃的建筑和地铁站。

为解决住房短缺的问题,当时的首相温斯顿·丘吉尔决定将大量无用的军火工厂改装为住房,并提议大规模生产预制房屋。

其中最受欢迎的一种预制房屋设计是 B2 型铝合金结构,只需 12 分钟就可制造出 4 个独立的部件。之后将这些单独的部件用卡车运送到目的地,在目的地完成快速高效的组装。

截止到 1949 年,英国共建造了 156 000 多个预制房屋。这些房屋的设计使用时间是 10 年,但很多房屋的使用时间都远远超过了 10 年,有些预制房屋甚至一直使用到了 21 世纪初。

伦敦南部克拉珀姆成排的预制房屋。

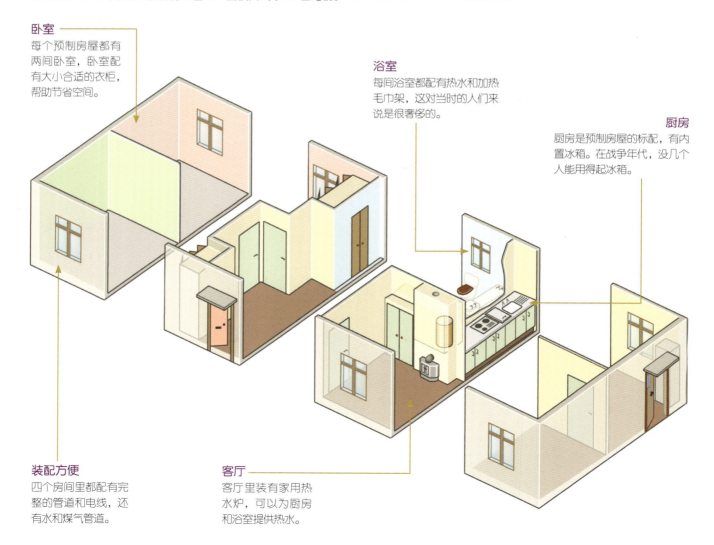

卧室
每个预制房屋都有两间卧室,卧室配有大小合适的衣柜,帮助节省空间。

浴室
每间浴室都配有热水和加热毛巾架,这对当时的人们来说是很奢侈的。

厨房
厨房是预制房屋的标配,有内置冰箱。在战争年代,没几个人能用得起冰箱。

装配方便
四个房间里都配有完整的管道和电线,还有水和煤气管道。

客厅
客厅里装有家用热水炉,可以为厨房和浴室提供热水。

古代以色列人是如何 酿造 葡萄酒的?

古代以色列人酿造葡萄酒需要大量的葡萄和人工

以色列气候炎热，阳光充足，而且多山地，是葡萄种植的理想地带。在古代，以色列坐落在一条葡萄酒贸易线上，让他们获得了葡萄酒的酿造知识。古代以色列人每天都会喝大约一升葡萄酒，所以了解快速酿造大量葡萄酒的方法对他们来说很重要。

古代以色列人在夏季最炎热的时候收获葡萄，然后把葡萄放入岩石地面挖出的"葡萄酒压榨机"里进行发酵。首先是把葡萄倒入"踩踏池"，之后葡萄园的工人就会赤脚踩踏葡萄。葡萄被踩碎后，葡萄汁会通过一个通道流入发酵桶发酵。

葡萄皮上的酵母会与果汁中的糖分发生反应，把它们转化成酒精。发酵结束后，将葡萄酒收集到葡萄酒囊或大酒罐中。酒囊或酒罐上一般都涂有树脂，帮助更好地保存葡萄酒，同时也为葡萄酒增加木香味。另外，古代以色列人还会在葡萄酒上面倒入橄榄油，帮助隔绝空气，最后再用树脂或黏土把酒囊或酒罐密封上。将密封好的葡萄酒存放在凉爽、黑暗的酒窖中数月甚至数年，最后在本国或国外市场出售。

为什么有些葡萄酒时间越久越好喝?

单宁分子存在于葡萄藤茎、皮和种子中，可以帮助抵御饥饿生物的侵害。因为单宁的作用，未成熟的葡萄味道很苦，动物或人只要吃上一口，就不想再吃第二口了。单宁还会与唾液中的蛋白质结合，使其变得黏稠，让你口干舌燥。葡萄酒刚装瓶的时候，味道也是很苦很干的。

但是随着时间的推移，少量的氧气会通过盖子进入到酒瓶中，并与单宁反应，改变单宁的分子结构，使其不再与唾液中的蛋白结合。相反，单宁的分子结构发生改变后，会让你的牙龈、口腔和舌头产生愉悦感。随着葡萄酒存放时间的延长，苦涩感也会随之减少。葡萄酒的酒龄越长，口感也就越丰富。不过要注意的是，葡萄酒如果放置太久，它的果味就会完全消失!

单宁还影响葡萄酒的颜色。葡萄酒的酒龄越长，颜色就越深。

© Tom/Art Agency; Prisma Bildagentur AG / Alamy

古代葡萄酒榨汁工具

很多工具都是在以色列挖掘出来的，可以帮助我们了解他们当时是如何酿造葡萄酒的

通道
葡萄汁通过这个通道进入到发酵罐。

发酵罐
葡萄酒在发酵罐里发酵，葡萄汁会连续冒泡好几天。

踩踏池
葡萄被倒入一个大池子，人们光脚将其踩碎。

过滤器
使用干灌木或其他植物纤维来过滤葡萄汁。

希望他们踩葡萄之前都把脚洗干净了

酒罐
葡萄汁停止冒泡后，被倒入黏土制作的酒罐，再用橄榄油、黏土或树脂密封住。

岩石
以色列的石灰岩是酿造葡萄酒的理想材质，石灰岩不仅容易切割，而且还可以很好地盛放液体。

无人机 在 "二战" 期间的应用

无人机早在70年前就飞上天空了

现代无人机（UAV）的出现实际上可以追溯到一个世纪以前。

第一次世界大战（1914—1918）的爆发为技术创新带来了严峻的挑战，人们开始在无人驾驶飞行领域进行试验，美国 "航空鱼雷" 凯特灵的问世就是当时研究的成果。凯特灵是现代导弹的先驱，它可以携带爆炸弹头以每小时80千米的速度飞行。作战时可以设置定时器，关闭发动机并放下机翼后，飞机就像炸弹一样快速坠落，但是军事计划人员要十分谨慎，因为如果设置不准确，炸弹就可能落在自己的作战线路上。

到第二次世界大战（1939—1945）爆发之前，英国皇家海军尝试使用无线电来控制木质双翼飞机，用来进行射击训练，提升关键的空中作战技能，为即将到来的大战做准备。

1933年，首次进行试飞的无人机是一架名为费尔雷女王的改进型水上飞机，不过在三次试飞中，有两次都失败了。1934年，由泰格摩斯号无人机改进后的 "蜂后" 取得了巨大成功。

针对这些基本模型的无人机来训练炮手并不是非常现实，但是很快，出生在英国的美国演员雷金纳德·丹尼就提出了一套有效的解决方案，他随后还成立了 Radioplane 公司。经过多年努力，雷金纳德·丹尼终于在1939年成功说服了美国海军引进他的无人机模型 Radioplane1 号，在随后爆发的世界大战中，Radioplane 公司一共制造了 15 374 个无人机模型。

Radioplane 无人机配有无线电遥控装置，不仅反应快，而且耐用。另外，它还能够很好地模拟敌方战机的速度和灵活性。

揭开首架无人机的神秘面纱

空驾驶舱
皇家海军费尔雷女王的驾驶舱后部安装了一个气泵，可以驱动气动执行器。发动机由压缩空气驱动，实行远程操控。

人工智能
"蜂后" 是费尔雷女王的改良版，即使失去无线电联系，它也可以自行降落。无人机靠近地面时，拖曳天线会感知到，并开启自动着陆。它还会发射信号弹，让飞行员知道它所在的位置。

操控弊端
如果没有足够精确的控制装置来引导，那么副翼就会被锁定在一个中间位置，飞行员就只能使用方向舵来操纵。

展开机翼
费尔雷女王的机翼相对于地面的向上角度比较大，这使飞机更加稳定。但即便如此，在5次试飞中它坠毁了4次。

遥控
它用的不是现代的操纵杆遥控，而是像旧式电话那样的旋转拨号盘，通过无线电信号发送命令。不同的数字代表向上、向下、向左、向右，以及点火和油门。

发射
在雷达时代之前，很多军舰都携带飞机弹射器，用来发射侦察飞机。这对费尔雷女王来说是一种理想的搭配，也大大降低了飞行员为把无人机弄上天所需的工作量。

战斗中的无人机

"航空鱼雷"展现出了无人机技术巨大的破坏性，这项技术的终极发展结果是德国 V-1 和 V-2 火箭的研发。不过在那之后，现代无人机的概念也被孕育出来了。

费力茨·戈斯洛博士于 1939 年提出了 Fernfeuer 无人机的概念，一种远程驾驶飞机的愿景，飞机可以在去掉有效载荷后返回基地。Fernfeuer 的计划在 1941 被迫终止，却为后来的 V-1 飞行炸弹的发展铺平了道路。

1944 年 3 月，美国海军在对抗日本的战斗中部署了

TDN-1 突击用无人机。1944 年 10 月 19 日，它成功地将炸弹投放在了位于太平洋地区的目标上。但是和 Fernfeuer 不同，TDN-1 在投放炸弹后无法再返航。

"屠夫鳄鱼"是什么时候出现的?

"卡罗来纳屠夫"早在2.31亿年前就位于食物链顶端了

盘古大陆当初分裂时，身高 2.7 米拥有锋利牙齿的鳄鱼祖先就在我们现在所熟知的卡罗来纳北部地区活动了。最近，古生物学家发现了鳄鱼的祖先"卡罗来纳屠夫"的骨骼。据说，它的牙齿如刀刃般锋利，很可能是甲胄爬行动物和大型哺乳动物的早期近亲。但是由于"屠夫鳄鱼"的前臂太短，所以也有人猜测它们可能像霸王龙一样，靠后肢直立行走。

根据对其骨骼的扫描制作出来的"屠夫鳄鱼"3D 模型

休伊直升机的结构特征

一起来了解越南战争中被热捧的全能直升机

美国在越南使用过的最具标志性的武器是多功能的贝尔 UH-1 直升机，也就是我们所熟知的休伊直升机。因其设计灵活，经常被用来运输军队、医疗救援、补给运输以及武装直升机。在越南，美国部队可以借助休伊直升机深入其领土进行攻击，有效射程高达 510 千米。在整个越南战争期间，美军几乎没有使用过降落伞，主要是因为在浓密的丛林中，士兵摔伤的危险太大。而直升机则能够在指定的区域进行更加精确的空中部署。

在德浪河谷战役中，美国曾使用休伊直升机在越南领地投放军队，但由于战斗所需的士兵人数众多，运输队必须在登陆区和基地之间进行多次往返。一旦战斗开始，随着伤亡不断增加，弹药不断减少，许多飞机随后转向补给和疏散任务。休伊直升机机身简单，舱门宽大，底座宽敞，是收容伤员和运输物资的理想选择。

然而，由于许多休伊直升机都没有武器装备，所以很容易成为越南战斗机的攻击目标。越南战争期间，美国共损失了 1 000 多架休伊直升机，有些是事故造成的，有些则是遭到了袭击。直升机通常会携带武装着卡宾枪或中型机枪的门枪手，用于保护休伊直升机或为下面的作战军队提供火力支援。改进后的休伊直升机还可以装载 30 口径机枪甚至火箭发射舱，用来攻击地面上的目标。

贝尔 UH-1 型号的直升机一共生产了 16 000 多架，在 1955 年至 1976 年期间，有 7 000 多架被频繁使用。很多贝尔直升机现在仍被世界各地的军事和民用组织所使用。

火力支援
一般休伊直升机上都配有专门的门枪手，在直升机后部提供火力支援。

军队运输
早期 UH-1 模型的主舱位仅可以容纳六名士兵，但升级后的 UH-1B 机身加长，可容纳多达 15 个人。

驾驶舱
驾驶舱相对较小，可以减轻直升机的重量，同时为乘客和货物腾出更多空间。

撬式起落架
休伊直升机的机身下面有两个撬式起落架，让直升机在崎岖的地面也可以顺利起飞和着陆。

休伊直升机准备往越南南部的瓦夏娃战场运送军队。

1965 年德浪河谷战役时拍摄的 UH-1D 直升机照片。

旋翼叶片
休伊直升机的双旋翼叶
片长 14.6 米。

涡轮轴发动机
UH-1 系列直升机使用莱
康明涡轮轴发动机，有
些发动机的轴功率甚至
可以达到 1 400 马力。

流线型设计
没有武装时，直升机的机
身呈流线型，能够近距离
飞行，这为它们赢得了"滑
溜"的绰号。

武装灵活
尽管很多休伊直升机都不运
载武器飞行，但它们可以装
备 30 口径的机枪或导弹发
射舱。

现代版"超级休伊"

　　贝尔 UH-1Y 号直升机又被称为"洋基"或者"超级休伊"，是休
伊直升机演变的最新模型。这款 21 世纪的空中野兽继承了原始 UH 的
灵活性、可靠性和高效性，此外又融入了最先进的现代军用科技。除了
夜视兼容驾驶舱和电子作战的自我保护套件，这款现代休伊还特别配备
了双旋翼叶片。

　　在初代休伊直升机的基础上，UH-1Y 飞机的安全性和防护性能都
得到了大大提高，包括耐撞燃油系统和吸能式起落架。相比于最初的模
型，UH-1Y 能够携带更重的有效载荷，飞行距离也更远。在 2009 年的
阿富汗战争中，美国海军陆战队就使用了 UH-1Y 直升机。

美国海军陆战队的飞行员在加利福尼亚州彭德尔顿训练演
习期间驾驶着 UH-1Y 直升机着陆。

古希腊的 雕塑家 是怎样工作的?

一起来了解古希腊的雕刻家是如何把神话人物用石头雕刻出来的

古希腊文明孕育出了丰富的戏剧、王权和传奇故事,并在遗留下来的艺术作品中得到了充分展现。然而,我们现在所熟知的很多雕像作品其实都是罗马人制作出来的复制品。如果没有罗马人所做的这些努力,很多艺术作品都永久性失传了!

希腊雕塑家一般会选用大理石或石灰石进行雕刻,当时所使用的雕刻工具和技术在几千年后的今天依然没有发生太大的变化。大理石是最常用的石材,但是雕塑家会根据它们的可塑性来选择。

有些巨大的石头雕像非常重,所以雕塑家会借助一些小技巧来帮助减轻重量,增强稳定性。他们一般会使用树干或柱子来为雕塑提供外部支撑,通过打造坚实的底座增加整个雕像的稳固性,而不仅仅是增加雕像双脚的重量。泥瓦匠有时也会挖空雕塑的内部,将重量降到最轻。

雕像完工后,雕塑家一般会在上面装饰青铜长矛和珠宝等配饰,并在眼睛上镶嵌玻璃或骨头,为雕像赋予生命力。有些雕像的头上还装饰着名为 "meniskoi" 的青铜圆盘,以防止鸟类的破坏。

青铜雕塑

青铜是由约90%的铜和10%的锡制成的合金,铜在地中海地区很容易买到,但是锡却需要进口。早期的希腊雕塑家通过"锤制"的方法来创作雕塑。雕塑家首先在木头上雕刻出预期的形状,然后用锤子将金属板锤击在木雕塑上,最后再把雕塑的各个部分固定在一起。

随着时间的推移,蜡模铸造逐渐成为最流行的青铜雕塑技术。蜡模铸造就是使用不同的方式用蜡和黏土制造模具,然后加热使蜡熔化,最后将融化后的青铜浇注到蜡融化后留在凹槽里。

青铜器熔化后还可以重复利用,这也意味着古希腊的很多青铜雕塑都没能保留下来,现在保存下来的少量古希腊青铜雕塑都是弥足珍贵的历史作品。

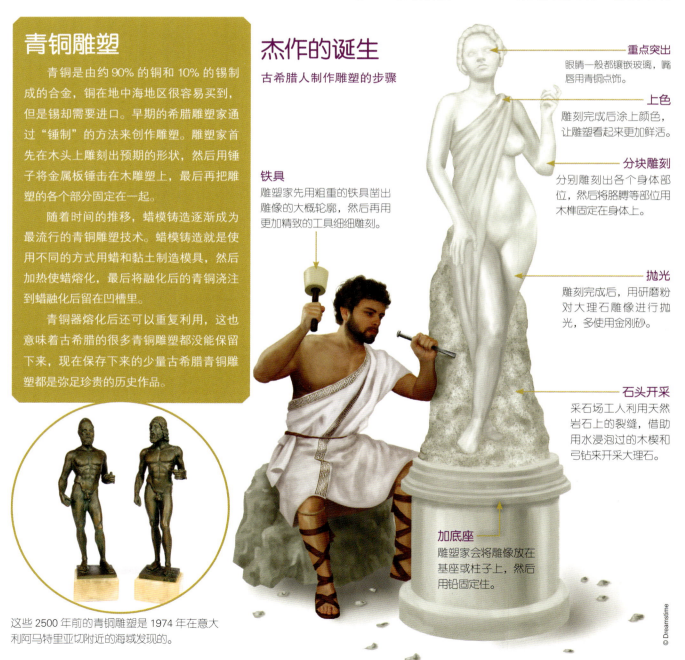

杰作的诞生

古希腊人制作雕塑的步骤

铁具
雕塑家先用粗重的铁具凿出雕像的大概轮廓,然后再用更加精致的工具细细雕刻。

重点突出
眼睛一般都镶嵌玻璃,嘴唇用青铜点饰。

上色
雕刻完成后涂上颜色,让雕塑看起来更加鲜活。

分块雕刻
分别雕刻出各个身体部位,然后将胳膊等部位用木榫固定在身体上。

抛光
雕刻完成后,用研磨粉对大理石雕像进行抛光,多使用金刚砂。

石头开采
采石场工人利用天然岩石上的裂缝,借助用水浸泡过的木楔和弓钻来开采大理石。

加底座
雕塑家会将雕像放在基座或柱子上,然后用铅固定住。

这些2500年前的青铜雕塑是1974年在意大利阿马特里亚切附近的海域发现的。

© Dreamstime

冰箱的演变历程
一起来了解食物保鲜的那些奇妙方法

1 冰窖
叙利亚的马里王齐姆里·林下令建造了一座冰窖，这座冰窖是前所未有的。冰块从附近的山上采集来，储存在地窖中，以保持凉爽。英国和美国直到20世纪都在使用冰窖保鲜食物。

2 冷风扇
古埃及人没有冰块，他们选择将葡萄酒存放在双耳陶罐中。等到凉爽的夜晚降临，他们就会把陶罐放到室外，奴隶们会在陶罐外面洒上水。冷风会使水分蒸发，从而为葡萄酒降温。

3 冰坑
为了在沙漠中储存冰，波斯人建造了冰坑。到了冬季，他们把水引入地下通道，使其结冰。然后将冰块搬运到冰坑。冰坑由两部分组成：一个圆顶和一个坑。在冰坑里暖空气会上升，冷空气会留在冰坑中冷却食物。

公元前1700年 —— 公元前1400年 —— 400年 —— 1805年 —— 1748年 —— 20世纪20年代

4 冰柜
19世纪冰块采集业逐渐兴起，很多家庭开始配备冰柜。冰柜由木头制成，用金属做内衬，用稻草或软木塞隔热。人们每隔几天就会在冰柜里放入冰块，用以保持食物新鲜。

威廉·卡伦　　雅各布·珀金斯

5 人工制冷
苏格兰化学家威廉·卡伦首次演示了人工制冷的方法，但是第一台制冷机却是美国发明家雅各布·珀金斯于1834年制造的。早期的冰箱价格昂贵，使用的制冷剂也是有毒气体，所以一旦发生泄露事件就有可能会致命。

6 家用冰箱
早期的家用冰箱很危险，而且比汽车还贵。但是不久之后，人们就开发出一种名为氟利昂的更加安全的制冷剂，于是冰箱很快成为很多家庭厨房里的标配。之后，冰箱越来越环保，价格也越来越便宜。

卷笔刀 是谁发明的？

卷笔刀背后的法国工程师和美国大亨

　　尽管铅笔的确切起源尚不明确，但随着它越来越普及，人们需要一种可以快速且精确地削铅笔的工具。

　　法国数学家伯纳德·拉斯蒙在1828年首次尝试通过在一块木头上放置两个成90度角的刀片来削铅笔，但这种方法并不比传统的小刀快多少。

　　我们现在常用的卷笔刀是1847年另一个法国人泰利发明的，是一种带有单个刀片的锥形装置，当它旋转时，可以从四周整齐均匀地剃去铅笔外皮。

　　法国的锥形卷笔刀负责铺路，而它真正被广泛使用是从美国开始。19世纪50年代，美国发明家沃尔特·K·福斯特就已经开始大规模生产圆锥形的卷笔刀，到1857年，他的公司每天可以生产7 200个卷笔刀。

经典的"棱柱"卷笔刀要追溯到1847年。

日本城堡长什么样?

无论是在和平时期还是在战争年代，日本城堡护卫下的人民的生活都同样艰难

中世纪的时候，日本的城堡不仅代表着统治者领土的中心位置，也是他们所处时代最重要的建筑物。如果发生战争，就需要依靠城堡来为他们提供保护。而在和平年代，他们就要努力去维护城堡，在家种植粮食为军队储备粮草，或者在遥远的战场浴血奋战。

日本统治者对他所统治的人民有着严苛的要求，如果家里的男人上了战场，那么他的妻子就要被迫去维修因天气而受损的城堡。统治者的需求永远是重中之重。如果团队里有一个人没有完成任务，那么整个团队都会受到惩罚。

战争开始时，城堡就会成军事作战中心，驻军和普通民众的日常生活都会发生巨大变化。所有可用的人员都要加入城堡的防御工作中来，负责重建城墙，增加额外的栅栏（木桩的防御栅栏），或加深城墙周边的沟渠。如果战争失败了，城堡内的每个人都有可能会被处决。

日本的松本（如图）等历史城堡都已被日本列为国宝。

选址
安土城建在高山上，视野开阔，可以看到远处进攻的敌人。不过大多数日本城堡都建在植被环绕的山脚。

四坡屋顶
这种屋顶设计在日本被称为"入母屋造"，屋顶的两侧先是向下倾斜，然后再微微上顶。

主建筑
安土城的主要建筑物是一座令人印象深刻的七层建筑，在建造时，被认为是世界上最大的木制建筑。

山墙
装饰过的山墙是外城堡设计的一个突出特点，比同时代的建筑更为精致。

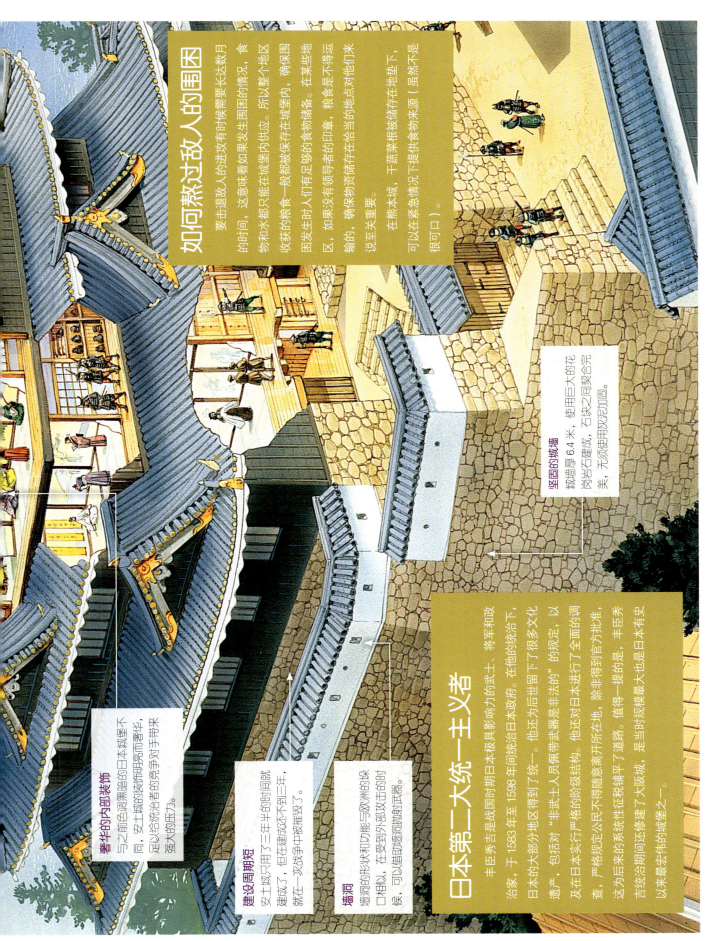

如何熬过敌人的围困

要击退敌人的进攻需要长达数月的时间，这意味着如果发生围困的情况，食物和水都只能在城堡内供应。所以整个地区收获的粮食一般都被保存在城堡围，确保有足够的食物储备。在某些地区，如果没有领导者的印章，粮食是不得运输的，确保物资储存在恰当的地点对他们来说至关重要。

在熊本城，干蔬菜根被储存在地垫下，可以在紧急情况下提供食物来源（虽然不足很可口）。

坚固的城墙
城墙厚 6.4 米，使用巨大的花岗岩石建成，石块之间契合完美，无须使用砂浆加固。

日本第二大统一主义者

丰臣秀吉是战国时期日本极具影响力的武士、将军和政治家。于 1583 年至 1598 年间统治日本政府。在他的统治下，日本的大部分地区得到了统一。他还为后世留下了很多文化遗产，包括对"丰臣武士人员佩带武器是非法的"的规定，以及在日本实行严格的阶级结构。他还对日本进行了全面的调查，严格规定公民不得随意离开所在地，除丰得到官方批准，这为后来的系统性征税铺平了道路。值得一提的是，丰臣秀吉统治时期间还修建了大阪城，是当时规模最大也是日本有史以来最宏伟的城堡之一。

奢华的内部装饰
写之前黑色阴暗的日本城堡不同，安土城的装饰明亮而奢华，足以给统治者的竞争对手带来强大的压力。

建设周期短
安土城只用了三年半的时间就建成了，但在建成这个不到三年，就在一次战争中被摧毁了。

墙洞
墙洞的形状可能与欧洲的枪口相似，在受到外部攻击的时候，可以借助墙洞加助防御的武器。

神秘的 阿布辛贝神庙

一位法老自我颂扬的故事

　　埃及有很多宏伟的建筑和寺庙，但是人们参观最多的是位于努比亚的阿布辛贝神庙。阿布辛贝神庙修建于拉美西斯二世统治期间（约公元前 1279–1213 年），神庙两殿的修建历经 20 年才最终完工。大神殿供奉的是拉·哈拉赫梯和普塔赫等众神，但是神殿中央摆放的却是拉美西斯二世的雕像。寺庙入口两侧是四个 20 米高的巨型拉美西斯二世雕像，后面是法老家族以及被法老击败的敌人，如努比亚人、赫梯人和利比亚人的小雕像。神殿里面是普塔赫、拉·哈拉赫梯和阿蒙·拉众神的雕像，以及拉美西斯二世击退敌人的浮雕。神殿正面是一排狒狒雕像，狒狒被埃及人尊为太阳崇拜者。小神殿是为了纪念拉美西斯二世最爱的妻子奈菲尔塔瑞，她后来被尊奉为生育和爱情女神。神殿前排是拉美西斯二世和奈菲尔塔瑞的雕像，后面是夫妇二人祭祀众神的浮雕。努比亚本身就是重要的宗教场所，而阿布辛贝虽然位于埃及 – 苏丹边界，但却是绝对的埃及标志。

迁移到高处

　　1952 年，由于尼罗河水位上涨，埃及政府决定建造大坝。但是由于大坝建成后会将阿布辛贝神庙淹没，所以政府决定将整个神庙迁移到地理位置更高的地方。从 1963 年到 1968 年，神庙被切成 10 000 块，每块重达 3 ~ 20 吨。然后，埃及政府把这些石块向西转移到 180 米外的高山上，比神殿最初的位置高出 65 米，避开了洪水泛滥区。这些切块按照最初的位置精确地重新组装在一起，并用混凝土加以固定。当时迁移神殿耗资 4,200 万美元，约等于今天的 2.88 亿美元，为埃及历史的保存和延续起到了重要作用。

有 3 000 人参与了神殿的迁移工作

拉美西斯二世神殿

阿布辛贝神殿里有什么？

雕像
拉美西斯二世、普塔赫、拉·哈拉赫梯和阿蒙·拉等众神的雕像矗立在神殿内。

浮雕
墙上雕刻着拉美西斯二世击退敌人的浮雕。

朋友与敌人
巨型雕像的两腿之间还有一些小雕像，雕刻的是拉美西斯家族成员和拉美西斯二世的敌人。

浮雕石柱
八根高大的浮雕石柱支撑着天花板，上面描绘了拉美西斯二世赢得伟大战斗的场景。

朝向东方
与很多宗教建筑一样，阿布辛贝神殿也面朝东方太阳升起的地方。

狒狒
狒狒被认为是太阳崇拜者，所以神殿正面摆放着一排狒狒的雕像。

坠落的偶像
拉美西斯二世雕像的头部和躯干在一次地震中坠落。

坐着也很高
入口处拉美西斯二世的雕像虽然是坐着的，但也高达 20 米。

美国第一批 消防员 是谁?

在消防队中浴火奋战的美国志愿者

如今的消防队员都是人人敬佩的英雄人物,他们可以把受困的人快速救出火海。但在 18 世纪末和 19 世纪初,美国的消防员并没有这么好的声誉。当时的消防员都是志愿者,不是政府聘用的,他们一般是退役的军人或陪审员,就连执行消防任务所需要的制服和装备也需要自己购买。

当时的消防队更像是社交俱乐部,如果发生了火灾,他们的首要任务是拖着沉重的手动水泵,赶在其他消防队之前到达火灾现场。而在火灾现场,消防员往往都在互相竞争,而不是专注于救火!

不久之后,当地的帮派开始与消防队联合,很多消防员也慢慢参与到政党之中。其结果就是,消防队之间的竞争愈加激烈,有时他们甚至还会故意纵火。比较知名的一场恶性竞争是 1856 年发生在巴尔的摩莱克星顿市场 的"无知暴乱",有几人在此次暴乱中丧生。

到了 19 世纪中叶,保险公司和共和党开始游说向公众提供专业的消防服务。后来随着马拉蒸汽动力水泵的出现,消防志愿者也被专门的有偿消防部门所取代。

特制头盔
消防员的加固头盔是由经过特殊处理的皮革制成的,顶部有一个倾斜的边缘,让水沿着帽檐流下来。

胡须
消防员会将胡须在水中打湿,然后咬在嘴里,帮助他们在大火中呼吸,防止吸入火中的烟雾。

红色制服
消防员明亮的红色制服可以让人们快速识别他们,它们也很快成为社会地位提升的象征。

喇叭传令
激动狂热的人群经常会到火灾现场来围观,所以消防员需要借助喇叭传达指令。

软管
皮革软管的接缝处使用金属铆钉固定,防止在高水压的作用下破裂。

皮鞋
高及膝盖的皮靴不仅保暖,而且防水,但不是为了他们免受灼伤。

手动灭火

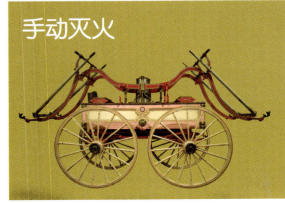

在蒸汽动力消防车出现以前,消防员都是使用手动泵灭火。这些安装在轮子上的机器需要借助马匹或消防员拖动。有些甚至需要人工补给水源,消防员会在现场组织附近的人排成一排传递水桶,不过有些水泵则配备了可以直接从市政消火栓抽水的抽水管。消防员需要上下操控一个长杠杆来使里面的活塞运动,交替地将水从主水箱中吸出,并迫使其进入到单独的储水区,储水区里的空气会保持恒定的压力,让水从软管内顺利喷出。要保持不间断供水,水泵需要每分钟 60 次的冲压,所以消防员需要轮流操控水泵,每几分钟就得轮换一次。

什么是 装甲列车？

19到20世纪间，铁路是如何走向战争的

19世纪铁路出行的普及改变了战争的作战方式。现代军队都需要依靠铁路来运输士兵和物资，把派遣部队和车辆运送到前线，为前线提供充足的军火、药品和其他物品。铁路已经成为战争取胜的关键，所以必须受到严密保护。

1848年，奥匈帝国出现了第一辆临时改装的装甲列车，用于平息帝国当年的叛乱。美国在1861年至1865年的内战中也采用了这种装甲列车，用于保护巴尔的摩联邦铁路线免受破坏。

1862年6月，美国的李将军命令在火车上安装大炮，装甲列车从此以后便不仅仅用于保护铁路线，而且成了一种攻击性武器，可以在快速前进的同时发射炮弹。

装甲列车在完全开放的空间才能发挥出作用，布尔战争

（1899—1902）期间大英帝国就利用装甲列车来维护他们远在埃及（1882年）、苏丹（1885年）、印度（1886年）和南非的统治。到了第一次世界大战（1914—1918），英国及其邻国发现，装甲列车只能用于应对非正规军队，比如他们在殖民地运动中遇到的反抗部队，如果面对的是专业军队，装甲列车还是太脆弱了。

俄罗斯帝国虽然也在西部战线上使用过几次装甲列车，但是在基础设施薄弱和距离遥远的东部战线上，装甲列车发挥的作用更加举足轻重。苏联继承了前政权对铁路作战的热衷，在俄罗斯内战（1917—1920）和波兰苏维埃战争（1919—1921）以及第二次世界大战（1939—1945）东部战线上，他们都曾利用装甲列车，作为前线火炮和高射炮。

"铁路已经成为战争取胜的关键"

弹药
大部分装甲列车都装满了弹药，30位乘务人员只能在十分拥挤的环境下工作。

机枪
6支7.62毫米的机枪可以击退试图阻拦列车的所有步兵，机枪用冰水降温，防止过热。

大炮
每个炮塔上都安装一个76.2毫米的野战炮，每分钟能够发射10～12发炮弹，最大射程为13.29千米。

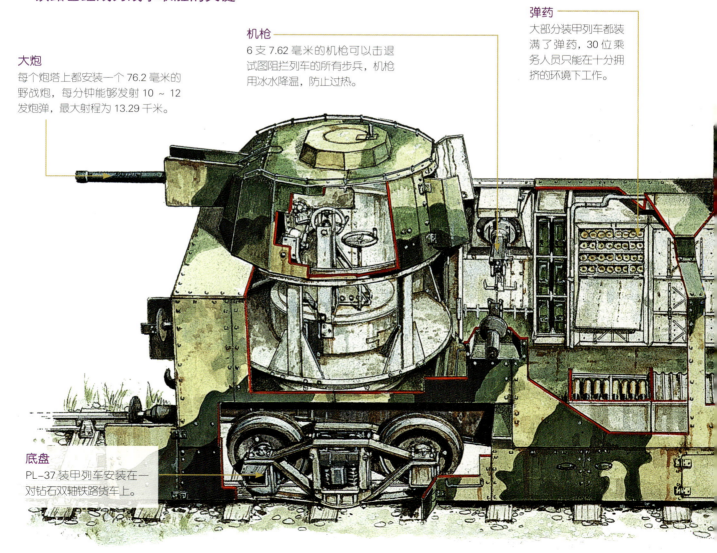

底盘
PL-37装甲列车安装在一对钻石双轴铁路货车上。

温斯顿·丘吉尔的装甲列车

在进入政界，正式登上历史舞台前，作为战地记者的温斯顿·丘吉尔前往南非，他乘坐的装甲列车遭到南非布尔人的伏击，他和另外 50 名英国士兵一起被俘。

1899 年 11 月 15 日，他们用石块堵住了防线，仅凭两门野战炮与敌人展开火拼，并成功拿下了火车上的海军炮。11 月 17 日，《曼彻斯特卫报》在报道中写道："军队以极大的勇气进行了一场大无畏的战斗，最终被制服了。丘吉尔手持一把步枪，守护在都柏林燧发枪手的后面，试图用自己的投降来掩护其他人撤退。"

这一历史事件也清楚地揭示了，在面对有大炮武装的有组织军队时，装甲列车不堪一击。不过这件事让丘吉尔成了国家英雄，一年后，年仅 26 岁的丘吉尔当选了英国国会议员。

身穿军装的丘吉尔，摄于他在南非被俘的四年前。

在第二次世界大战期间，苏联铁路工人在维修站的一辆装甲列车上工作。

装甲
装甲两侧厚度为 19.8 毫米，上部厚 15 毫米。

指挥塔
指挥官坐在装甲炮塔内，并通过三层玻璃遮阳板或潜望镜窥视战况。

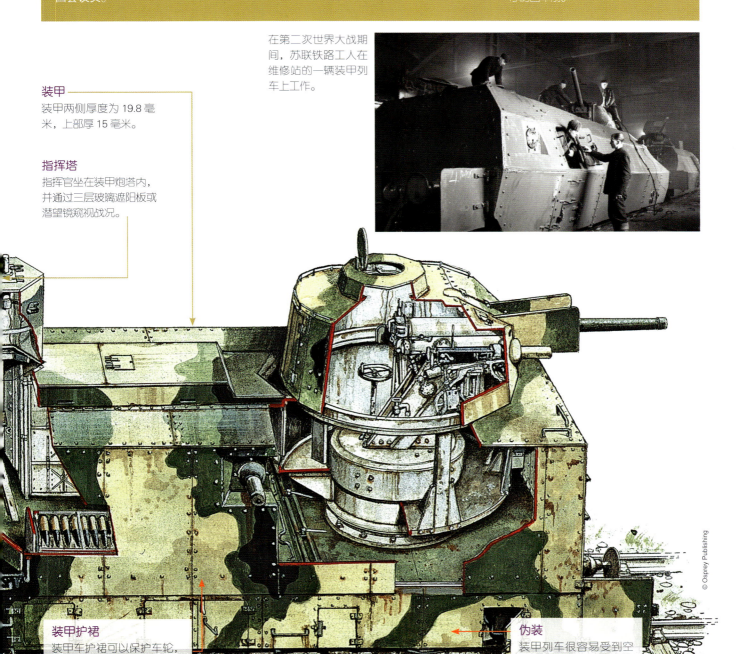

装甲护裙
装甲车护裙可以保护车轮，如果埋藏在火车下的炮弹引爆，可以为列车提供保护。

伪装
装甲列车很容易受到空中袭击，所以列车一定要做好伪装。

© Osprey Publishing

揭秘 阿纳萨齐人 的生活

他们在科罗拉多沙漠创建了令人称奇的崖壁居室

1849 年，当欧裔美国人首次到新墨西哥州探索查科峡谷时，他们肯定误以为自己找到了一座迷失的神话城市。在查科峡谷的峭壁上，有一个五层楼高的房屋废墟，有 800 多个房间，足够容纳一个城镇的人口了。废墟中散落着陶瓷圆柱体和破碎的陶器，还有大坝和灌溉用的沟渠，以及九米宽的道路网。

阿纳萨齐人，其名字来源于纳瓦霍语"古老的敌人"或"古老的"，公元 10 世纪的时候，他们在今天的犹他州、新墨西哥州、亚利桑那州和科罗拉多州的交汇处建立了许多相似的定居点。

然而在 13 世纪末的某个时间，这个神秘的族群突然从他们的多层"豪宅"，搬进了位于科罗拉多州南部看似难以接近的黄褐色峭壁上的崖壁居室，各居室之间由梯子和砂岩墙连接在一起。到了 14 世纪，他们再次搬离了峭壁上的"新住宅"。而他们这次突然迁徙的原因，很可能就是阿纳萨齐人突然消失的原因。

由于水源稀少，阿纳萨齐人面临着来自其他部落的激烈竞争，于是他们才会将散落的族人聚集在一起，共同寻找可以防御的地理位置：崖壁。从科罗拉多州南部的崖壁上搬离后，他们很可能迁徙到了河流较多、降雨充沛的南部地区。

悬崖上的城镇

阿纳萨齐人的房屋遗址

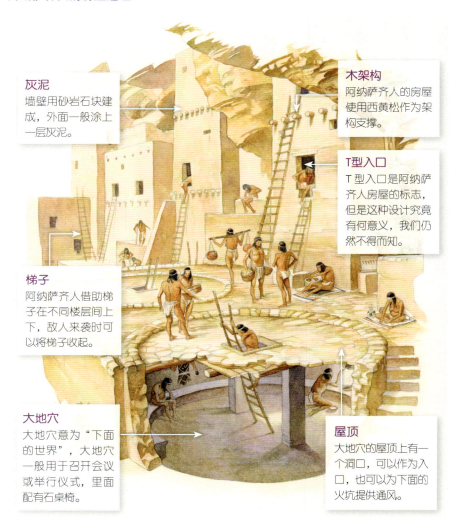

灰泥
墙壁用砂岩石块建成，外面一般涂上一层灰泥。

木架构
阿纳萨齐人的房屋使用西黄松作为架构支撑。

T型入口
T 型入口是阿纳萨齐人房屋的标志，但是这种设计究竟有何意义，我们仍然不得而知。

梯子
阿纳萨齐人借助梯子在不同楼层间上下，敌人来袭时可以将梯子收起。

大地穴
大地穴意为"下面的世界"，大地穴一般用于召开会议或举行仪式，里面配有石桌椅。

屋顶
大地穴的屋顶上有一个洞口，可以作为入口，也可以为下面的火坑提供通风。

阿纳萨齐人的峭壁遗址位于梅萨维德国家公园

富裕的阿纳萨齐人

阿纳萨齐绿松石制作的吊坠

尽管阿纳萨齐人的居住空间很有限，但这个古老的美洲原著居民部落的贸易网络却一直向西延伸到了加利福尼亚海岸线，向南延伸到了墨西哥。他们利用自己丰富的矿藏——绿松石作为交换，从墨西哥湾进口各种各样豪华的商品，例如鹦鹉、贝壳和铜铃，绿松石可以用作珠宝和镶嵌饰品。在玛雅人遗址奇琴伊察（今墨西哥尤卡坦半岛），我们在设计精巧的墓穴中发现了由阿纳萨齐人的绿松石制作的文物和葬礼面具。

© Thinkstock

斯特林 发动机的原理是什么?

这个200前年的机器设计是如何把热能转化为动能的?

斯特林发动机是 1816 年苏格兰牧师罗伯特·斯特林发明的。当时距离蒸汽机发明已经过去将近一个世纪,斯特林希望创造出一种比蒸汽机更加安全高效的发动机。斯特林发动机推出后受到了人们的热捧,但是随后内燃机崛起,它又被很多公司"打入了冷宫"。

斯特林发动机是通过反复冷却和加热相同体积的气体,利用气体的膨胀和压缩移动两个活塞,并驱动发动机。这一物理原理现在又重新得到了人们的"宠幸",因为它非常适合在太阳能电站中使用,太阳能电池板可以通过吸收太阳的热量升温,从而产生持续的电力。这一原理还可以反向应用于制造超级冷却器,进行超导电性和电子学研究。

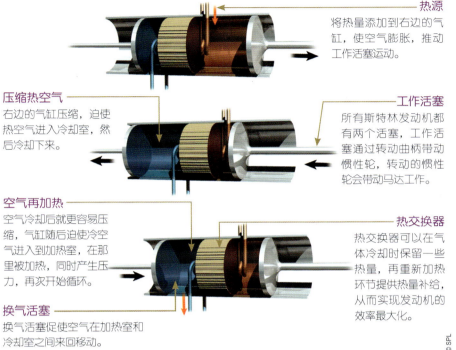

热源
将热量添加到右边的气缸,使空气膨胀,推动工作活塞运动。

压缩热空气
右边的气缸压缩,迫使热空气进入冷却室,然后冷却下来。

工作活塞
所有斯特林发动机都有两个活塞,工作活塞通过转动曲柄带动惯性轮,转动的惯性轮会带动马达工作。

空气再加热
空气冷却后就更容易压缩,气缸随后迫使冷空气进入到加热室,在那里被加热,同时产生压力,再次开始循环。

热交换器
热交换器可以在气体冷却时保留一些热量,再重新加热环节提供热量补给,从而实现发动机的效率最大化。

换气活塞
换气活塞促使空气在加热室和冷却室之间来回移动。

© SPL

"里海怪物"是什么?

俄罗斯的这架地效飞行器为什么让西方国家忌惮这么多年

俄罗斯的这架地效飞行器(混合了飞机和气垫船的功能)全长 92 米,1966 年被美国间谍卫星首次发现,美国情报部门称其为"里海怪物"。

最初,由于"里海怪物"形状奇怪,体型惊人,让西方国家倍感恐慌。它的实际功能是靠近水面或地面飞行,通过产生气垫来增加升力。这种现象被称为地面效应,利用地面效应,飞机可以在很低的高度上飞行,让当时的敌方雷达无法察觉,

从而神不知鬼不觉地运送数百名士兵和装甲车辆秘密穿越水面。"里海怪物"的唯一模型在 1980 年一次飞行失误后坠毁,由于它本身重量过大,所以未能将它从水中打捞出来。俄罗斯原本计划在 20 世纪 90 年代部署 100 多架类似的飞行器,但随着冷战的结束,计划最终未能实施,现在世界上只有为数不多的几架"里海怪物"幸存。

这架巨型飞机的时速能够达到每小时 500 千米。

东方6号 载人飞船

第一位女宇航员是如何送入太空的？

苏联在探索太空方面取得了突破性成绩，他们于 1957 年发射了第一颗人造卫星 Sputnik，并在同一年将第一只动物莱卡犬发射到地球大气层之外，四年后又将人类第一位宇航员尤里·加加林送入太空。然而，他们并没有就此止步，1963 年苏联领先美国，首次将第一位女宇航员送入太空。

瓦莲京娜·捷列什科娃最初是一位纺织厂工人，热衷于跳伞运动，1962 年开始接受宇航员训练。她因出色的跳伞技能而被选中，因为在乘坐东方 6 号载人飞船返回地球时，宇航员会被弹出飞船，然后借助降落伞降落。接受训练仅 1 年，26 岁的瓦莲京娜·捷列什科娃就已经准备好去完成她的太空任务了。在飞船发射前，她兴奋地说："嘿，太空，我来了！脱帽敬礼吧！"

不过瓦莲京娜·捷列什科娃在太空中并不孤独，就在东方 6 号发射的两天前，东方 5 号就已经成功发射了，两艘飞船在相同的轨道上运行。最初的计划是，由女宇航员驾驶东方 5 号，不过男宇航员别克维斯基阴差阳错地进入了太空舱。两艘飞船的运行轨道仅仅相隔 5 千米，据别克维斯基后来报告说，在两艘飞船分开执行任务前，捷列什科娃还通过无线电为他哼唱歌曲。在东方 5 号绕地球轨道运行 82 周，东方 6 号绕地球轨道运行 48 周后，两位宇航员在同一天成功返回到了地球。捷列什科娃在着陆时几乎失去了所有意识，但第二天她就生龙活虎地去参加演出拍摄了。捷列什科娃很快被世界所熟知，距离她进入太空 19 年后，人类第二位女宇航员才被送往太空。

重返地球大气层时，东方 6 号的隔热罩大部分被烧毁，露出了里面的隔热层。

捷列什科娃的宇宙飞船

东方 6 号的太空舱和运载火箭

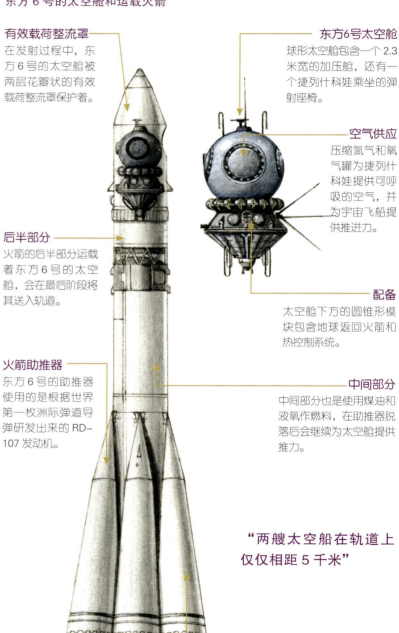

有效载荷整流罩
在发射过程中，东方 6 号的太空舱被两层花瓣状的有效载荷整流罩保护着。

东方6号太空舱
球形太空舱包含一个 2.3 米宽的加压舱，还有一个捷列什科娃乘坐的弹射座椅。

空气供应
压缩氮气和氧气罐为捷列什科娃提供可呼吸的空气，并为宇宙飞船提供推进力。

后半部分
火箭的后半部分运载着东方 6 号的太空舱，会在最后阶段将其送入轨道。

配备
太空舱下方的圆锥形模块包含地球返回火箭和热控制系统。

火箭助推器
东方 6 号的助推器使用的是根据世界第一枚洲际弹道导弹研发出来的 RD-107 发动机。

中间部分
中间部分也是使用煤油和液氧作燃料，在助推器脱落后会继续为太空舱提供推力。

"两艘太空船在轨道上仅仅相距 5 千米"

第一部分
四个助推器的底部各有一个对应的火箭发动机，由煤油和液氧驱动。

火箭发射

东方 6 号进入太空的过程

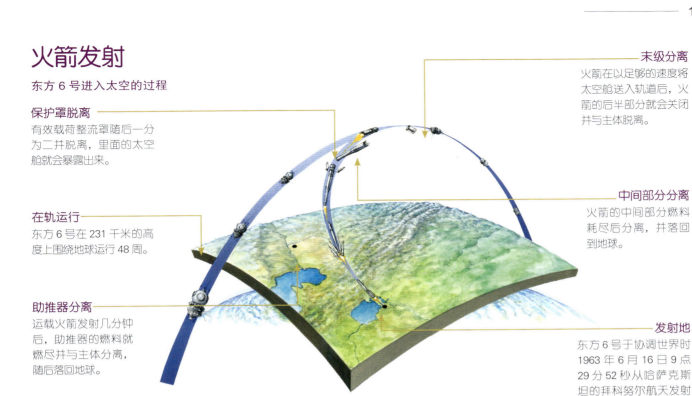

保护罩脱离
有效载荷整流罩随后一分为二并脱离，里面的太空舱就会暴露出来。

在轨运行
东方 6 号在 231 千米的高度上围绕地球运行 48 周。

助推器分离
运载火箭发射几分钟后，助推器的燃料就燃尽并与主体分离，随后落回地球。

末级分离
火箭在以足够的速度将太空舱送入轨道后，火箭的后半部分就会关闭并与主体脱离。

中间部分分离
火箭的中间部分燃料耗尽后分离，并落回到地球。

发射地
东方 6 号于协调世界时 1963 年 6 月 16 日 9 点 29 分 52 秒从哈萨克斯坦的拜科努尔航天发射场成功发射。

返回地球

捷列什科娃重回地球

离开轨道
飞船在轨道上运行近 3 天后，返回火箭启动加速，将东方 6 号带离运行轨道。

设备脱离
在进入地球大气层之前，太空舱上的设备和返回火箭会从太空舱上脱离。

弹出太空舱
重新进入地球大气层后，太空舱的舱门打开，把捷列什科娃弹出舱外，她随后会打开降落伞着陆。

重返地球
太空舱以每小时 27 000 二米的速度穿过地球大气层。

安全着陆
被从太空舱中弹出后，捷列什科娃在距离东方 6 号太空舱坠落地点 400 米的地方安全着陆。

太空舱着陆
太空舱自带的降落伞打开，于协调世界时 1963 年 6 月 8 日 8 点 20 分在哈萨克斯坦的卡拉干达着陆。

捷列什科娃的任务呼号为"Chaika"，俄语"海鸥"的意思，她的太空服上也绣着一只海鸥。

恐怖的人骨教堂

圣弗朗西斯科教堂位于葡萄牙的诶武拉，从外面看起来，它就是一个普通的文艺复兴式教堂。但是当你走进教堂里面，就会发现隐藏在墙壁之内的恐怖秘密：一个用人骨堆建而成的礼拜堂。人骨礼拜堂是 16 世纪的一群方济会修道士修建而成的，当时由于城市墓地严重紧缺，成千上万死者的遗体无处安放，所以就被暂时存放在教堂，这在当时是很正常的。但是，当时的修道士没有将这些遗体深埋于地下，而是决定把这些骨头展示出来。他们相信，人骨礼拜堂会帮助提醒活着的人：生命短暂！

他们用水泥将教堂的墙壁和梁柱覆盖住，然后将大约 5 000 具人体的骨骼和头骨压入其中，天花板上还用绳子悬挂着两具风干了的尸体。没有人准确地知道这两具遗体是谁，不过有人相信，这是出轨的丈夫和他儿子的骸骨，死后受到了妻子的诅咒。

圣弗朗西斯科教堂从外面看起来跟其他哥特式建筑没什么不同

© Getty Images

这些人骨时刻提醒着我们：生命短暂！

谁发明了第一把钥匙？

我们已知的最早的钥匙和锁闭系统是在 4 000 年前的埃及。当时的装置极其简单，只用一个螺栓挡在门上，然后用几个木制销钉将其固定住。木制钥匙形状类似牙刷，并且末端有钉子，钥匙插入锁中，向上推动销钉以释放螺栓。但是，这种锁并不能起到充分的防护作用，因为任何一把钥匙都可以打开任意一把锁。针对这个问题，罗马人创造出了由铁或青铜制成的带锁槽的锁。被称为锁槽的切口和凹槽被切入钥匙孔，因此只有对应切口和凹槽的钥匙才能打开特定的锁。尽管锁槽锁也不是特别安全，使用特定仪器就可以制造出契合锁槽的钥匙，但是这种锁还是沿用了好几个世纪。直到 19 世纪，在经过了多次尝试后，美国人莱纳斯·耶鲁和他的儿子小莱纳斯·耶鲁才开发出弹簧驱动的销钉锁，这种锁至今还在普遍使用。

整个中世纪人们都在使用青铜和铁制的锁槽锁。

© Corbis; Thinkstock

最早的橄榄球是什么做的?

源于其所诞生的学校的名字,橄榄球最初是由猪的膀胱做成的,这也解释了为什么橄榄球的形状如此特别。在 19 世纪,鞋匠理查德·林登和威廉·吉尔伯特开始为橄榄球学校的学生制作橄榄球。他们把猪的膀胱吹起来,然后在外面用皮革缝合包裹住。膀胱有时候需要人工充气,这可是件苦差事。

由于每头猪的膀胱形状都不一样,所以最初的橄榄球是大小迥异的,而且橄榄球标准的椭圆形状也是后来才出现的。直到 1845 年,橄榄球学校的学生才编写了橄榄球规则。1892 年,橄榄球的规则被写入运动赛事,明确规定橄榄球必须是手工缝制,每英寸 8 针,重量为 368.5 克。

© Alamy, Thinkstock

最初的橄榄球形状偏圆形,而非椭圆形。

黄金
一直这么珍贵吗?

由于黄金本身的稀缺性,加之又被作为货币在使用,所以黄金在人类的历史中一直都备受重视。黄金很稀有,只占地壳成分的十亿分之五。另外,黄金开采也很困难,成本很高,所以每年黄金的开采量十分有限,使其成为一种稳定的货币。黄金是惰性物质,不会像银或铁那样发生氧化,金币因此也不会随着时间的推移减少或增加重量。其他金属如铝、铂或银看起来都大同小异,只有黄金是唯一的黄色金属,所以辨识度高。黄金迷人的色泽也使其成为珠宝和其他装饰品的流行材料。另外,由于黄金的延展性好,所以可以轻易分割,被塑造成各种不同的形状。

黄金被世界各地的人们当作货币使用。

我们是怎么给行星命名的?

太阳系中行星的名字都来自神话人物,不过地球除外,地球的名字来源于中世纪英语。由于太阳系中的五颗行星都可以用肉眼看到,所以多个世纪以来,在它们的名字没有被统一的时候,不同国家的人对这些行星的称呼都不一样。天王星(以前我们误以为它是一颗恒星)的名字来源于希腊神话,其他行星的名字都来自罗马神话。 海王星的发现者曾质疑谁有权利给这些行星命名,不过冥王星的名字是英国一位 11 岁的孩子提议的。在 1919 年国际天文学联合会(IAU)成立之前,世界上并没有行星命名的统一规则。IAU 目前负责所有天体的命名。

冥王星的名字被统一之前,还被叫作阿特拉斯、康斯坦斯、克罗诺斯、密涅瓦、珀西瓦尔等。

言语是如何演变的

言语和语言是两种不同的东西,但它们的演变却是互相关联的。人类与其他灵长类动物不同,因为我们的喉部(音箱)位于喉咙较低的位置。科学家猜测,喉部的特殊位置可能会让早期人类的声音听起来更加洪亮和可怕。喉部的位置较低意味着人类可以更加灵活地移动舌头,发出音域更广的声音。在动物世界中,鲸鱼使用独有的声乐曲目来识别家庭成员;同一家庭中的鲸鱼互相学习彼此的曲目,所以很容易发现外来者。有种假设认为,早期人类语言的使用方式与鲸鱼相似,也是识别外来者的一种机制。

人类的言语可能是由我们独特的发音结构演变出来的。

胡须的发展历程

胡须目前很流行，但人们对胡须的追捧却是有周期性的。史前人类都留有厚厚的胡须，以防在战斗中受到恶略天气和其他人的伤害。留胡须还能增加自己的威慑力，因为它让人看起来下巴更大，更具威胁性。人们常说胡须带有强烈的男性气质，在古代大胡子还是一种荣誉的象征，古人通常会割断一个人的胡须以示惩罚。然而到了公元前300年的亚历山大大帝时期，他禁止士兵留胡须，因为担心敌人会利用胡须的弱点攻击他们。在中世纪，人们认为触摸另一个男人的胡须是很冒犯的，有可能会导致决斗。到了18世纪，胡须再次失宠，直到维多利亚时代才再次被人追捧。留胡须曾经——并将会继续被社会多方面所影响，包括政治家、名人、宗教和社会变革。

汉斯·兰塞斯，拍摄于1912年，他拥有世界最长的胡须，长5.33米。

每个家庭的家谱上平均有多少人？

这取决于你需要追溯到什么时候，以及你对"平均"的定义是什么。根据家庭和所处时代的不同，每个家庭里面孩子的数量也存在很大差别。例如，在英国，2012年每个家庭的平均子女人数为1.7，而全球每个家庭的平均子女人数在20世纪70年代为2.4，2012年为2.5，1960年为5。

正如你所见，我们很难对"平均家谱"进行定义。但就家庭而言，存在一个普世真理：每个人都有一对亲生父母。所以你可以换种问法：我有多少个祖先？

你有一对父母，四个祖父母，八个曾祖父母，十六个曾祖父母，如此类推。每往上追溯一代人，就将祖先的数量增加一倍。假设25年为一代，如果你要追溯到250年前，你的家谱中就有大约2 047个人。

"每个人都有一对亲生父母，所以你可以换种问法：我有多少个祖先"